EL EFECTO TARANTINO

JORDI PICATOSTE VERDEJO

Prólogo de Mauricio Bach

EL EFECTO TARANTINO

SU CINE Y LA CULTURA POP

© 2019, Jordi Picatoste Verdejo

© 2019, Redbook Ediciones, s. l., Barcelona

Diseño de cubierta: Regina Richling y Amanda Martínez
Diseño de interior: Eva Alonso
Fotografías interiores: APG imágenes

Look es una colección creada y dirigida por Dalia Ediciones S.L. (MMA)

Todas las imágenes son © de sus respectivos propietarios y se han incluido a modo de complemento para ilustrar el contenido del texto y/o situarlo en su contexto histórico o artístico. Aunque se ha realizado un trabajo exhaustivo para obtener el permiso de cada autor antes de su publicación, el editor quiere pedir disculpas en el caso de que no se hubiera obtenido alguna fuente y se compromete a corregir cualquier omisión en futuras ediciones.

ISBN: 978-84-948268-7-0
Depósito legal: B-5.027-2019
Impreso por Sagrafic, Passatge Carsi 6, 08025 Barcelona
Impreso en España - *Printed in Spain*

A la memoria de Burt Reynolds,
Samuel Hadida y Ringo Lam,
tarantinianos que fallecieron
mientras se gestaba este libro.

ÍNDICE

PRÓLOGO   **10**
Tarantino, cineasta y espectador
por MAURICIO BACH

INTRODUCCIÓN   **14**
Tarantino, giro copernicano

GUÍA DE ABREVIATURAS Y PLAYLIST   **18**

LAS PELÍCULAS DE TARANTINO   **19**
    RESERVOIR DOGS   20
    PULP FICTION   28
    JACKIE BROWN   38
    KILL BILL, VOLUMEN 1   48
    KILL BILL, VOLUMEN 2   50
    DEATH PROOF   60
    MALDITOS BASTARDOS   68
    DJANGO DESENCADENADO   78
    LOS ODIOSOS OCHO   88
    ONCE UPON A TIME IN HOLLYWOOD   98

LOS CLÁSICOS DE TARANTINO   **109**
    DJANGO   110
    COFFY   113
    LADY SNOWBLOOD   118
    AQUEL MALDITO TREN BLINDADO   121

LOS ACTORES DE TARANTINO   **123**

REGRESO POR LA PUERTA GRANDE   **124**
    DAVID CARRADINE
    ROBERT FORSTER   127

PAM GRIER 130
JENNIFER JASON LEIGH 132
LAWRENCE TIERNEY 135
JOHN TRAVOLTA 138

CAMEOS **144**
EDWARD BUNKER
SONNY CHIBA 146
SID HAIG 148
DON JOHNSON 151
MARC LAWRENCE 155
FRANCO NERO 156
BO SVENSON 160
DON STROUD 163
RUSS TAMBLYN 165
ROD TAYLOR 168
CHRISTOPHER WALKEN 171

LA FAMILIA TARANTINO **174**
ZOË BELL
BRUCE DERN 175
SAMUEL L. JACKSON 177
HARVEY KEITEL 180
MICHAEL MADSEN 185
MICHAEL PARKS 188
TIM ROTH 191
KURT RUSSELL 193
UMA THURMAN 196
CHRISTOPH WALTZ 199

LAS CANCIONES DE TARANTINO **201**
ACROSS 110TH STREET 202
BANG BANG (MY BABY SHOT ME DOWN) 203
BATTLE WITHOUT HONOR OR HUMANITY 205
DJANGO 206

DOWN IN MEXICO   208
GIRL, YOU'LL BE A WOMAN SOON
HOOKED ON A FEELING   210
LITTLE GREEN BAG   212
MISIRLOU   213
RABBIA E TARANTELLA   214
STUCK IN THE MIDDLE WITH YOU   216
SURF RIDER   218
THERE WON'T BE MANY COMING HOME   219
TWISTED NERVE   220
YOU NEVER CAN TELL   221

LA HUELLA DE TARANTINO   **223**
AMOR A QUEMARROPA   224
KILLING ZOE   226
AMOR DEL CALIBRE 45   229
RESTAURANT DOGS   231
ABIERTO HASTA EL AMANECER   233
CAIGA QUIEN CAIGA   236
CÓMO CONQUISTAR HOLLYWOOD   238
PUSHER, UN PASEO POR EL ABISMO   240
SWINGERS   242
CORRE, LOLA, CORRE   244
LOCK & STOCK   246
VIVIENDO SIN LÍMITES   248
INTERMISSION   250
BREAKING BAD   252
TELEPHONE   255
SIETE PSICÓPATAS   257
BLACK WIDOW   259
MAGICAL GIRL   261
REVENGE   263
FLAMES   266
MALOS TIEMPOS EN EL ROYALE   268

BIBLIOGRAFÍA BÁSICA   **271**

TARANTINO, CINEASTA Y ESPECTADOR

Cuando a Quentin Tarantino (Knoxville, Texas, 1963) le preguntaron en una entrevista en qué escuela de cine había estudiado, respondió: «No he ido a ninguna escuela, he ido al cine». Y, en efecto, él llegó a ponerse detrás de la cámara como resultado de su entusiasmo de espectador que se fue construyendo un canon propio muy ecléctico y desprejuiciado. Los años que pasó en su primera juventud trabajando en el hoy ya legendario videoclub Video Archives de Manhattan Beach en California le permitieron explorar no solo las obras maestras incuestionadas del séptimo arte, sino todo tipo de rarezas que forman parte de lo que hoy llamamos cine de culto. De modo que aquel videoclub (previamente, según sus biógrafos, su cinéfila desatada le había llevado a otro oficio más estrambótico, el de acomodador en un cine porno) fue para él una suerte de cueva de Alí Babá que escondía incontables tesoros.

Tarantino es un representante destacado de una generación de cineastas -pero también de escritores, músicos, artistas- que absorbe sin complejos ni remordimientos elitistas la cultura pop e incluso la subcultura trash, gracias primero al VHS y después al DVD e internet, que ponen al alcance de los espectadores una ingente cantidad de películas que habían quedado olvidadas en las cunetas (o en los sótanos de las productoras) y que o bien se habían convertido en pasto del olvido o bien suscitaban una veneración digna de la fe del creyente porque llegar a visionarlas era misión casi imposible.

Como espectador Tarantino es gozosamente omnívoro y desprejuiciado, y como cineasta reutiliza todo este celuloide digerido y lo transforma en películas que siempre van más allá del mero pastiche, estructuralmente muy complejas y afinadas. Absorbe influencias muy

diversas, con especial predilección por el cine de género, serie B y explotación de los años setenta y sobre todo setenta: *spaghetti western*, giallo, macaroni combat, poliziesco, fantaterror español, películas de artes marciales, pink eiga, rape and revenge… Se sumerge en subgéneros setenteros y rescata diamantes -toscos, sin pulir, de aristas desiguales, pero diamantes al fin- de un canon alternativo, una historia paralela, secreta, soterrada, del cine.

Las películas de Tarantino son una auténtica maquinaria de guiños, referencias y apropiaciones -los pedantes a eso lo llaman posmoderno-, cuyo descubrimiento y descriframiento dependerá del nivel de conocimiento del espectador, de su pertenencia o no a la hermandad de los amantes del cine de culto. Y este es uno de los motivos por los que el libro de Jordi Picatoste Verdejo es una aportación muy recomendable a la bibliografía tarantinesca, porque hace un seguimiento minucioso de todas estas claves secretas que contienen sus películas, incluida la utilización de determinados actores rescatados del olvido que llevan consigo toda una carga de referencias.

Tarantino, que es algo más que un director, porque -como Hitchcock en su día- se ha construido un personaje, nos regala a los amantes del cine, además de sus películas, otra faceta nada desdeñable: la recomendación de títulos recónditos y en muchos casos vilipendiados que la mirada desprejuiciada del amante del cine de culto sabe redescubrir. Tarantino es una auténtica enciclopedia y tanto en sus entrevistas (caracterizadas siempre por el entusiasmo con el que habla de cine, como sucede con otros cineastas cinéfilos como Guillermo del Toro) como en las referencias casi infinitas incluidas en sus películas, es una fuente de descubrimientos. Cuando hace unos años trabajaba en mi libro *Películas de culto. La otra historia del cine* sus pistas fueron un hilo del que tirar para llegar a rarezas deliciosas y secretas: desde la película de ciencia ficción japonesa *Goke, Body Snatcher from Hell* (1968) de Hajime

Sato o la también nipona *Lone Wolf and Cub* (1972) de Kenji Misumi, que inspirada en un notable manga dio pie a una ultraviolenta saga de samurái con niño, hasta recónditas perlas australianas como *Road Games* (1981), una *road movie* de Richard Franklin con psicópata y con Jamie Lee Curtis, o la inquietante muestra de terror podríamos decir que «ecológico» de *Long Weekend* (1978) de Colin Eggleston, por citar solo algunos ejemplos.

Por otro lado, confieso que del Tarantino director me gusta todo. No solo los hitos más celebrados -*Reservoir Dogs, Pulp Fiction, Kill Bill* (que es probablemente de sus películas la que más funciona como un compendio de guiños y homenajes) y *Django desencadenado...*- sino también aquellos proyectos que más perplejidad -e incluso críticas- suscitaron en su momento. Por un lado, *Jackie Brown*, que dejó descolocados a muchos forofos del salvajismo de *Reservoir Dogs* y *Pulp Fiction*, y en la que el cineasta, en lugar de repetirse para contentar a sus entusiastas menos exigentes, opta por el ritmo lento, las escenas alargadas, una violencia solo latente y un tono podríamos decir que crepuscular. Y también *Death Proof*, probablemente su obra más discutida, solo apta para entusiastas *hardcore* tanto de su obra como del universo del cine de explotación de los años setenta -esa mina inagotable de tesoros extravagantes, abyectos, delirantes, fastuosos, lisérgicos-, pero que a mi juicio es una interesantísima demostración de cómo funciona el método Tarantino. La película, como es sabido, forma parte del proyecto *Grindhouse*, concebido por él y su compañero de correrías Robert Rodríguez como homenaje a ese cine setentero de barrio y programa doble con el que crecimos los de mi generación. Pues bien, mientras que Rodríguez se marca con *Planet Terror* un pastiche desmelenado y divertidísimo -que con esos toques de celuloide desgastado, saltos abruptos por deterioro del material y fallos de sonido a mí me provoca el

efecto de la magdalena proustiana y un ataque de nostalgia infantil-, en cambio Tarantino opta por dar una vuelta de tuerca y plantea una película mucho más desnuda, en la que toma elementos del cine de terror sobre chicas acosadas y de las *road movies* versión *explotation* y lo transforma en un producto propio, depurado, con un mínimo hilo argumental. Rodríguez homenajea y parodia, Tarantino no se limita a recrear a modo de pastiche, sino que reelabora para construir un imaginario propio, en el que tienen un peso específico la violencia extrema convertida en pirueta estética (algo que en su día ya se le criticó a cineastas como Kurosawa o Sam Peckinpah, y que también se le echa en cara a él), los diálogos absurdos e inacabables plagados de disquisiciones sobre la cultura pop, el minucioso trabajo con los actores e incluso guiños privados como su afición al fetichismo del pie.

Como sucede con todos los creadores influyentes dueños de un universo propio con coordenadas muy marcadas -desde Borges a Stephen King, desde David Lynch a Wes Anderson- la obra de Tarantino ha dado pie a imitadores manieristas que suelen tener escaso interés, pero también ha impregnado nuestro presente cultural de modo que pueden rastrearse influencias tarantinescas en muchos ámbitos. Y aquí de nuevo, el libro de Jordi Picatoste Verdejo cumple la función de imprescindible guía.

Estas dos facetas -la de cineasta y la de espectador- convierten a Tarantino -pese a los miopes que todavía lo desprecian- en una figura muy relevante del cine -y diría que de la cultura en general- actual.

Y ya sin más preámbulos, pasen y lean. Bienvenidos a esta jugosa exploración espeleológica del universo tarantinesco.

Mauricio Bach

TARANTINO, GIRO COPERNICANO

Toda revolución comporta víctimas. Así ha sucedido en la historia del cine cuando ha habido alguna. Y las ha habido cada treinta años desde que los Lumière lo inventasen en 1895. Con la llegada del sonoro a finales de los veinte, actores y cineastas que no se adecuaron a las nuevas circunstancias vieron sus carreras caer o desaparecer. Tres décadas más tarde la irrupción en Europa de la *nouvelle vague* como movimiento de renovación cinematográfica de la industria francesa se extendió por otros países hasta cruzar el Atlántico y llegar incluso a Hollywood (que aplicaría en los ochenta su particular Restauración). Llegaba sabia nueva y el concepto de cine de autor reinaba. Tuvieron que pasar otros treinta años para que aquella nueva concepción cinematográfica se resquebrajara. Como afirma Peter Biskind en *Sexo, mentiras y Hollywood*: «El vídeo anunció una reforma del cine. Siendo ya el arte democrático, democratizó el cine haciendo que fuera irrelevante el papel de los intermediarios: críticos/profesores, los sacerdotes de la religión de la pantalla grande». Y continúa: «Tan panchos, no mancillados por las influencias civilizadoras, por así decirlo, los adolescentes con retraso, como Tarantino preferían las películas de artes marciales a, por ejemplo, Eisenstein o Renoir; en consecuencia, el vídeo posibilitó un nuevo brutalismo del cual Tarantino llegó a ser el principal y más consumado profesional».

Más allá del uso de la violencia descarnada en sus films y los admiradores que eso pueda suscitar, Tarantino emerge como faro de cinéfilos de nuevo cuño y figura representativa de una sociedad desacomplejada que discute las directrices de generaciones anteriores. No rompe con el pasado, sino que escarba en sus zonas más ocultas, degradadas incluso, las recupera y las dota de una dignidad de la que jamás gozaron. Reivindica a Castellari como Truffaut lo hacía con Bresson o Ford, con la misma pasión y orgullo.

Personaje único, privilegiado que ha podido hacer la película que ha querido desde que empezó sin plegarse a encargos, Tarantino, desde su regocijo por el cine *explotation* de los setenta, ha resucitado el interés por esos subgéneros y restituido carreras a profesionales olvidados por la industria. Director lleno de referentes, se ha convertido él mismo en un modelo desde que irrumpiera con su estilo heterodoxo, plagado de diálogos trascendentes sobre cuestiones irrisorias y arrebatos furibundos de katana y balas. Forma ya incluso parte del diccionario Oxford: *Tarantinoesque*.

Su saber enciclopédico conecta sus películas con las fuentes más insospechadas. Además, el cineasta se entretiene realizando mezclas divertidas, guiños cómplices, ya sea a través del nombre de algunos de sus personajes o reutilizando músicas para contextos distintos de aquellos para los que fueron creadas. En su universo una esclava en un western puede estar emparentada con un futuro policía de la *blaxploitation*. Siembra así regalos cinéfilos para quien los quiera descubrir o retos fílmicos para quien los quiera aceptar. En la búsqueda de respuestas se corre el riesgo de pecar de atrevido y errar el tiro de manera grosera. Afortunadamente todavía nadie ha llegado a decir que el apellido del Hans Landa de *Malditos bastardos* se refiere al actor de *No desearás al vecino del quinto*, don Alfredo.

Algo parecido puede suceder rastreando posibles influencias de Tarantino en otros cineastas posteriores o contemporáneos. Así se expresaba el director en la rueda de prensa de *Jackie Brown*: «Alguna vez veo alguna película y pienso que posiblemente esté influida por mi trabajo. (...) Pero al mismo tiempo recuerdo que también pasaba conmigo, decían que robaba mis *mexican standoffs* [situaciones en las que los personajes se apuntan los unos a los otros] de John Woo y que si cogía esto de una película y eso de aquella otra. Y mucho de eso simplemente no era así. Así que esos pobres chicos y chicas están llevándose malas críticas porque ellos trabajan en un género en el que yo trabajo, porque soy popular en ese género y tengo una voz distintiva. Es injusto».

De hecho, el mismo año que Tarantino presentaba *Pulp Fiction* el macedonio Milcho Manchevski estrenaba la aplaudida *Antes de la lluvia* (*Pred dozhdot*, 1994), violento drama bélico que interrelacionaba también tres historias. Y Guillermo Arriaga, guionista de la mexicana *Amores perros* (1999) de Alejandro González Iñárritu, también film violento dividido en tres segmentos, ya experimentaba con textos de estructura fragmentada antes de *Reservoir Dogs*.

Pese a ello, este libro intenta, por una parte, reflejar el efecto que ha tenido Tarantino en su tiempo y cómo ha influido en otros directores, actores o artistas. Por otra, bucear en sus fuentes y descubrir el recorrido que han acabado teniendo décadas más tarde por la intermediación del trabajo de Tarantino.

Así, en un primer capítulo, **Las películas de Tarantino**, se repasan sus largometrajes, junto a un contexto biográfico, referencias y productos derivados. En el segundo, **Los clásicos de Tarantino**, un breve repaso a subgéneros y films que él ha revitalizado tomándolos como fuente de inspiración. En el tercero, **Los actores de Tarantino**, un vistazo a los intérpretes marcados por el cineasta; ya sea porque los ha recuperado para la industria, porque le sirven de enlace o guiño a aquellos subgéneros o porque han acabado formando parte de su familia artística. A continuación, **Las canciones de Tarantino**, una selección de temas musicales que han tenido una segunda vida a partir de su inclusión en la banda sonora de sus películas. Y por último, **La huella de Tarantino**, una muestra de lo más destacado entre las películas, videoclips u otros formatos en los que se puede percibir la influencia del cineasta desde que irrumpiera hace más de 25 años.

En el apartado de agradecimientos, a Mauricio Bach por su prólogo y consejos y a Drac Màgic y sus integrantes por su generosidad.

GUÍA DE ABREVIATURAS DE LAS FICHAS

Prod.: Producción (Productor/es. Compañía/s).
Prod. Ejec.: Productor/es ejecutivo/s.
Coprod.: Coproductor.
Dir.: Director/a.
G.: Guion.
Fot.: Dirección de fotografía.
Dir. Art.: Dirección artística, decorados.
Mont.: Montaje.
Mús.: Música original.
Vest.: Diseño de vestuario.
Int.: Intérpretes.

En cuanto a los títulos de películas en el texto, entre paréntesis se cita el título original. Si la obra no tiene título en español, se ha optado por el título original en inglés únicamente. En el caso de que la producción no sea anglosajona, primero se ha incluido el título internacional en inglés y, separado por una barra inclinada, el título en el idioma original.

Por otra parte, el año que aparece junto a las series de televisión indica los años concretos en los que estuvo la persona referida asociada a esa serie, no a los años de existencia del programa.

PLAYLIST EN SPOTIFY

¿Quieres escuchar un poco de música tarantinesca?

Este código QR te redirigirá a una playlist en Spotify con las canciones que se detallan en el capítulo «Las canciones de Tarantino».

LAS PELÍCULAS

DE TARANTINO

RESERVOIR DOGS
(*Reservoir Dogs*, 1992)

Cartel de la película.

Prod.: Lawrence Bender. Live Entertainment y Dog Eat Dog Productions. **Coprod.:** Harvey Keitel

Prod. Ejec.: Richard N. Gladstein, Monte Hellman y Ronna D. Wallace

G.: QUENTIN TARANTINO. **Diálogos locutor de radio:** QUENTIN TARANTINO y Roger Avary.

Fot.: Andrzej Sekula, en color

Dir. Art.: David Wasco

Mont.: Sally Menke

Vest.: Betsy Heimann

Piezas musicales: *Little Green Bag*, de Jan Gerbrand Visser y Benjamino Bouwens e interpretada por George Baker Selection, *Stuck in the Middle with You*, de Gerry Rafferty y Joe Egan e interpretada por Stealer's Wheel; *I Gotcha*, compuesta e interpretada por Joe Tex; *Fool for Love*, compuesta e interpretada por Sandy Rogers; *Hooked on a Feeling*, de Mark James e interpretada por Blue Swede; *Coconut*, compuesta e interpretada por Harry Nilsson; *Harvest Moon*, de Jay Joyce e interpretada por Bedlam; *Magic Carpet Ride*, de Rushton Moreve y John Kay e interpretada por Bedlam, Wes Turned Country, de Nikki Bernard; *Country's Cool*, de Peter Morris; *It's Country*, de Henrik Nielson.

Int.: Harvey Keitel (Larry Dimmick, Sr. Blanco), Tim Roth (Freddy Newandyke, Sr. Naranja), Michael Madsen (Vic Vega, Sr. Rubio) Steve Buscemi (Sr. Rosa), QUENTIN TARANTINO (Sr. Marrón), Eddie Bunker (Sr. Azul), Lawrence Tierney (Joe Cabot), Chris Penn (Eddie *el amable*), Randy Brooks (Jim Holdaway), Kirk Baltz (Marvin Nash, policía rehén), Lawrence Bender (Policía joven), Steven Wright (Voz locutor K-Billy).

Duración: 93 minutos

Estreno en EE. UU.: 23 octubre 1992.

Estreno en España: 14 octubre 1992

Sinopsis: Tras un golpe frustrado a una joyería que se ha saldado con la muerte de dos de los atracadores, el resto de los miembros del grupo recala en el local que les sirve de base. Se trata de una banda formada por seis asaltantes desconocidos entre sí y reclutados por el mafioso Joe Cabot y su hijo Eddie el amable, quienes les han asignado pseudónimos cromáticos. Allí, uno de ellos, herido de gravedad, Sr. Naranja, se desangra mientras el Sr. Rosa y el Sr. Blanco intentan averiguar quién les ha traicionado. El violento señor Rubio irrumpe en el escenario con una sorpresa: un policía como rehén.

Entre el herido Sr. Naranja y el Sr. Blanco se establecerá una relación de aire paternofilial.

Harvey Keitel no solo es una pieza interpretativa esencial del film, sino que además intervino como coproductor.

LA EXPERIENCIA DE UN SABIO DE VIDEOCLUB

A principios de 1991 el currículum cinematográfico de Quentin Tarantino, nacido en Knoxville (Tennessee) el 27 de marzo de 1963, constaba solo de la filmación amateur de un proyecto inacabado y destruido -*Love Birds in Bondage* (1983) codirigido y coescrito junto a su amigo Scott Magill-, de su bagaje cinéfilo afianzado y exhibido detrás del mostrador del videoclub angelino Video Archives en el que trabajó durante el lustro 1984-1989, de las clases de interpretación tomadas en 1985 del actor Allen Garfield -secundario en *La conversación* (*The Conversation*, 1974) de Francis Ford Coppola o *Primera plana* (*The Front Page*, 1974) de Billy Wilder-, de la fugaz aparición como imitador de Elvis Presley en un episodio de *Las chicas de oro* (1988), de la realización frustrada de un film -*My Best Friend's Birthday*, rodado entre 1984 y 1987, y montado más tarde como mediometraje-, de la reescritura sin acreditar de una película para televisión por cable -*Past Midnight*, de Jan Eliasberg, emitida en 1992-, de un guion vendido en 1990 que tardaría en realizarse (*Abierto hasta el amanecer*), de otro recién negociado (*Amor a quemarropa*) y de la escritura de otros dos todavía en propiedad (*Reservoir Dogs* y *Asesinos natos*).

DEBUT CON ESTRELLA: KEITEL

Dispuesto a debutar como director de una producción modesta en B/N, en 16 mm, un plan de rodaje de pocos días y con actores no profesionales -tal como había sido *My Best Friend's Birthday*, pero ahora con la lección aprendida de lo que no se tenía que hacer-, Tarantino le pasó el guion de *Reservoir Dogs* al productor Lawrence Bender, al que había conocido en una barbacoa en mayo de 1990. Este, encantado con el libreto que había recibido, convenció al futuro director para esperar unos meses con el objetivo de encontrar una mayor financiación que mejorará las condiciones del producto final. A través de sus contactos, pudo conseguir la participación del veterano director Monte Hellman, que aconsejaría al director novel, y Harvey Keitel, que entusiasmado con el proyecto no solo actuaría en él, sino que invertiría como coproductor. El film se rodó en agosto de 1991 con un presupuesto de millón y medio de dólares, tras pasar en junio por el Laboratorio de Sundance, un taller de dos semanas en las que diversos aspirantes a directores podían trabajar sus proyectos con profesionales del mundillo; uno de los que se mostró más receptivo con Tarantino fue Terry Gilliam. El taller daba la oportunidad de rodar alguna de las escenas con actores. La casualidad quiso que uno de estos intérpretes fuera Steve Buscemi, al que ya se le había adjudicado el papel de Sr. Rosa.

El Sr. Rosa (Steve Buscemi) en su particular duelo con el Sr. Blanco (Harvey Keitel).

Arriba, fotograma de Distrito quinto, de Julio Coll (1958), en la que un grupo de personajes marginales atracaban una fábrica.

Conocido por interpretar personajes excéntricos, Steve Buscemi volvería a trabajar con Tarantino en Pulp Fiction, *en la que, por problemas de agenda, solamente pudo aparecer en un cameo.*

IMPACTO EN SUNDANCE

La cinta se presentó el 21 de enero de 1992 en el Festival de Sundance, certamen del cine independiente americano por antonomasia, donde tuvo cinco pases. El film se había acabado tres días antes de que empezara el festival y el metraje original de 114 minutos se había reducido a los 99 finales por sugerencia de Hellman. Pese a convertirse en la sensación del festival, el film no ganaría el Gran Premio que fue a parar a manos de Alexandre Rockwell por *In the Soup* (1992), protagonizada por Steve Buscemi. Más allá del mecanismo narrativo del film, sustentado en saltos temporales y en la elisión del acto delictivo de la banda, los aspectos que más atención (y polémica) causaron en Sundance fueron los diálogos banales repletos de alusiones sexuales y raciales y la violencia descarnada y brutal, especialmente la escena de tortura en la que el Sr. Rubio, le corta la oreja a un policía al ritmo de *Stuck in the Middle with You.*

El cineasta justificaba la violencia de su cinta en contraste con la espectacularidad propia de los films de Hollywood que, de esa manera, la banalizan. Por contra, quería emular títulos del cine criminal británico de los setenta como *La celada* (*Sitting Target*, 1972) de Douglas Hickox o *El gángster* (*Villain*, 1970) de Michael Tuchner, en la que Richard Burton, en una de las primeras escenas, rajaba salvajemente el rostro de un soplón -fuera de cámara, como en *Reservoir Dogs*- y dejaba colgando del balcón el cuerpo moribundo atado a una silla. Otra referencia básica de la escena de la oreja es el *spaghetti western Django*.

ESTILO TARANTINIANO

En el primer largometraje del director de Knoxville se encuentran las bases del estilo tarantiniano: diálogos discursivos y cotidianos que beben de la literatura negra de Elmore Leonard -al que adaptará en *Jackie Brown*- o George V. Higgins -autor de *Los amigos de Eddie Coyle* o *Mátalos suavemente*-, maridaje entre humor y violencia, movimientos de cámara circulares en una cafetería, referencias continuas a la cultura popular, división por capítulos y narración discontinua con idas y venidas temporales propias de la literatura como también sucedía en uno de los referentes de *Reservoir Dogs*, el clásico de Stanley Kubrick, *Atraco perfecto* (*The Killing*, 1956). En este sentido, Tarantino recalca la diferencia entre el *flashback*, incursión en el pasado que está anclada en el presente a través de un recuerdo o un pensamiento de los protagonistas, y lo que él hace, una narración de saltos temporales por corte sin mayor justificación que la necesidad de contar la historia de esa manera. Hay que matizar, no obstante, que Tarantino utiliza el *flashback* en una ocasión, cuando el Sr. Rosa explica cómo huyó de la escena del crimen. Así, el film de Kubrick aparece como un referente claro, ya que los saltos del relato se sucedían libremente. Sin embargo, mientras que el film de Kubrick relataba todos los pormenores del asalto, la cinta que nos ocupa lo eludía. Vemos los preparativos y las consecuencias, pero no el acto criminal. Algo que ya había hecho el gerundense Julio Coll.

¿INFLUENCIA CATALANA?

No se sabe si Tarantino ha visto *Distrito quinto* (1958) de Julio Coll, pero la realidad es que el planteamiento de *Reservoir Dogs* es muy parecido al de dicha película, basada en la obra de teatro catalana *Es perillós fer-se esperar*, de Josep Maria Espinàs. En la cinta de Coll, ambientada en la actualidad de la época franquista en la que se realizó el film, un grupo de personajes marginales realizan un atraco a una fábrica. El asalto sale como estaba previsto, pese a que uno de ellos resulta levemente herido, y todos se reúnen en el piso en el que viven a la espera de que el líder traiga el botín para repartirlo. En ese lapso de tiempo se suceden -esta vez sí- *flashbacks* de los preparativos, a partir de los cuales conocemos las ilusiones y miserias de los protagonistas. Nunca vemos el atraco.

¿PLAGIO?

Si bien están por ver los conocimientos de Tarantino sobre el cine criminal rodado en Barcelona en los años cincuenta, está más que acreditada su admiración por el cine criminal hongkonés. A este respecto, se le acusó de plagio de la parte final del film *City On Fire* (1987) de Ringo Lam, en la que un agente encarnado por Chow Yun-Fat se infiltra en una banda que prepara el atraco a una joyería. Aunque esta premisa es compartida, son muchas las diferencias entre una cinta y otra. Así, en la de Lam tiene mucha importancia la historia de amor del protagonista con su novia, hay muchas localizaciones, la historia es lineal y cuenta dos atracos que no están elididos y el policía arrastra el trauma de haber causado la muerte de un criminal del que se había hecho amigo. Sin embargo, en la parte final de *Reservoir Dogs* hay una escena que parece sacada directamente de la de Lam, aquella en la que Cabot desenmascara al Sr. Naranja y tres personajes se apuntan entre ellos, lo que en inglés se conoce como *mexican standoff*. Lo mismo sucede en la película asiática, justo antes del asedio policial, igual que la confesión del agente doble, aunque la resolución final es distinta.

Tarantino fue acusado de plagio de la parte final del film City On Fire, *de Ringo Lam.*

REMAKES PECULIARES

Del mismo modo que Tarantino no acreditó la influencia de la película hongkonesa en su film, el director Sanjay Gupta obvió citar *Reservoir Dogs* en los créditos de *Kaante* (2002), conocida como su *remake* indio. Protagonizada por una de las estrellas de Bollywood, el veterano Amitabh Bachchan, la obra está influida por *thrillers* americanos como el de Tarantino o *Sospechosos habituales* (*Usual Suspects*, 1995) de Bryan Singer. La cinta, sobre seis criminales que perpetran el robo a un banco, se mueve en varios escenarios, tiene más subtramas y muestra el atraco. Aún así, Tarantino dio el visto bueno a *Kaante* como imitación de su cinta y con motivo del 25º aniversario de su debut programó en 2017 las dos películas juntas en el New Beverly Cinema, sala de su propiedad. Por otra parte, el australiano Garnet Mae dirigió *Reservoir Cats* (2011), propuesta independiente sin ánimo de lucro, de pocos recursos y cuya recaudación se dedicó a la lucha contra el cáncer de mama. Si una de las críticas que recibió *Reservoir Dogs* fue la ausencia de mujeres en el reparto, la obra de Mae se caracterizaba por estar interpretada solo por ellas. En 2006 apareció el videojuego homónimo de la cinta, en la que Michael Madsen, único actor del original que participaba, ponía la voz a su personaje. El videojuego causó polémica en Reino Unido por su violencia contra agentes de policía y fue prohibido en países como Alemania y Australia. En 2017 apareció *Reservoir Dogs: Bloody Days*, centrado en el atraco, para un solo jugador y que permitía el rebobinado de las acciones.

Nacido en el barrio de Brooklyn, en Nueva York, en el seno de una familia de inmigrantes judíos de origen polaco, Harvey Keitel se formó como actor en el Actor's Studio.

PULP FICTION
(*Pulp Fiction*, 1994)

Cartel de la película
Pulp Fiction.

Uma Thurman en
el papel de Mia, la
mujer del peligroso
mafioso Marsellus
Wallace.

Prod.: Lawrence Bender. Miramax, A Band Apart y Jersey Films.

Prod. Ejec: Danny De Vito, Michael Shamberg, Stacey Sher, Bob Weinstein, Harvey Weinstein, Richard N. Gladstein

G.: QUENTIN TARANTINO, basado en historias de QUENTIN TARANTINO y Roger Avary.

Fot.: Andrzej Sekula, en color

Dir. Art.: David Wasco

Mont.: Sally Menke

Vest.: Betsy Heimann

Piezas musicales: *Misirlou*, de Fred Wise, Milton Leeds, S.K. Russell y Nicholas Roubanis e interpretada por Dick Dale and his Del-Tones; *Jungle Boogie*, de Ronald Bell, Claydes Smith, George Brown, Robert Mickens, Donald Boyce, Richard Westfield, Dennis Thomas y Robert Bell e interpretada por Kool & The Gang; *Strawberry Letter #23*, de Shuggie Otis e interpretada por The Brothers Johnson; *Bustin Surfboards*, de Gerald Sanders, Jesse Sanders, Norman Sanders y Leonard Delaney e interpretada por The Tornadoes; *Let's Stay Together*, de Al Green, Al Jackson Jr y Willie Mitchell e interpretada por Al Green; *Son of a Preacher Man*, de John Hurley y Ronnie Wilkins e interpretada por Dusty Springfield; *Bullwinkle Part II*, de Dennis Rose y Ernest Furrow e interpretada por The Centurians; *Waitin' in School*, de Johnny Burnette y Dosie Burnette e interpretada por Gary Shorelle; *Lonesome Town*, de Baker Knight e interpretada por Ricky Nelson; *Ace of Spades* y *Rumble*, de F. L. Wray Sr y M. Cooper e interpretadas por Link Wray; *Since I First Met You*, de H. B. Barnum e interpretada por The Robins; *Teenagers in Love*, de William Rosenauer e interpretada Woody Thorne; *You Never Can Tell*, compuesta e interpretada por Chuck Berry; *Girl, You'll Be a Woman Soon*, de Neil

Aquí en silencio, Vincent Vega (John Travolta) y Jules Winnfield (Samuel L. Jackson) son dos matones tan elocuentes con las palabras como con las balas.

Diamond e interpretada por Urge Overkill; *If Love is a Red Dress* (Hang Me in Rags), compuesta e interpretada por Maria McKee; *Flowers On the Wall*, de Lewis Dewitt e interpretada por The Statler Brothers; *Out of Limits*, de Michael Gordon e interpretada por The Marketts; *Comanche*, compuesta e interpretada por The Revels; *Surf Rider*, de Bob Bogle, Nole Edwards y Don Wilson e interpretada por The Lively Ones.

Int.: John Travolta (Vincent Vega), Samuel L. Jackson (Jules Winnfield), Harvey Keitel (Señor Lobo), Uma Thurman (Mia Wallace), Bruce Willis (Butch Coolidge), Ving Rhames (Marsellus Wallace), Maria de Medeiros (Fabienne), Christopher Walken (Capitán Koons), QUENTIN TARANTINO (Jimmy), Tim Roth (Pumpkin), Amanda Plummer (Honey Bunny), Eric Stoltz (Lance), Rosanna Arquette (Jody), Frank Whaley (Brett), Phil LaMarr (Marvin), Alexis Arquette (Cuarto hombre), Angela Jones (Esmarelda Villalobos), Burr Steers (Roger), Steve Buscemi (Buddy Holly), Paul Calderon (Paul, el barman), Peter Greene (Zed, policía violador), Duane Whitaker (Maynard, socio de Zed), Julia Sweeney (Raquel), Lawrence Bender (Yuppie de pelo largo).

Duración: 148 minutos

Estreno en EE. UU.: 14 octubre 1994

Estreno en España: 13 enero 1995

El famoso baile entre la exótica Mia y el desanimado Vincent es una escena memorable que ha pasado a la historia del cine.

Sinopsis: *Vincent Vega y la esposa de Marsellus Wallace*: Vincent Vega y Jules Winnfield son dos matones que trabajan para el peligroso Marsellus Wallace. Este pide a Vincent que acompañe a su mujer, Mia, durante una noche. Tras una velada tranquila, Mia esnifa una droga potente encontrada en la chaqueta de Vega... *El reloj de oro*: Butch Coolidge es un boxeador que no ha cumplido su pacto con Marsellus en el amaño de un combate en el que se tenía que haber dejado ganar. En vez de eso, Butch mata en el ring a su contrincante y huye con el dinero de las apuestas. Sin embargo, se encuentra fortuitamente con Marsellus... *El asunto de Bonnie*: Vincent y Jules han de deshacerse de una cadáver de un joven muerto accidentalmente. Los dos matones se refugian en casa de un amigo de Jules, Jimmy. No obstante, este les conmina a solucionarlo todo antes de que llegue su esposa Bonnie. Para ello llaman al solucionador Señor Lobo...

UN AMERICANO EN EUROPA

La campaña de promoción de *Reservoir Dogs* supuso para el entonces director novel descubrir mundo. Nunca antes había visitado Europa y ahora se encontraba de viaje en ciudades como París o Ámsterdam. En una entrevista con Peter Brunette en 1992, Tarantino expresaba su sorpresa con ese sistema métrico decimal que hacía que en un McDonald's de París el cuarto de libra con queso se llamase Le Royale con queso, descubrimiento que en breve iba a transformarse en uno de los diálogos más recordados de su próximo proyecto, *Pulp Fiction*. Además, para realizar la escritura de su nuevo film, se instaló durante unos meses en Ámsterdam.

El origen de *Pulp Fiction* se remontaba a una idea que tuvo con su amigo y compañero de trabajo en Video Archives, Roger Avary, de elaborar tres historias de cine negro como había hecho Mario Bava con el cine de terror en *Las tres caras del miedo* (*I tre volti della paura*, 1963). En su caso, ellos se inspirarían en el tipo de narraciones aparecidas en revistas populares como *The Black Mask*, que entre 1921 y 1951 publicó relatos de autores como Dashiell

Tarantino pensó en crear en Pulp Fiction *tres historias de cine negro tal y como había hecho con el terror Mario Bava en* Las tres caras del miedo.

Hammett, Raymond Chandler o Jim Thompson. Sin embargo, la idea derivó en la mente de Tarantino hacia una estructura en la que las tres historias no fueran autónomas, sino que se fundiesen en una misma y cuyos personajes apareciesen intermitentemente en las otras dos con roles menos importantes. Su referente eran las narraciones de J. D. Salinger sobre la familia Glass, cuyos miembros aparecían en títulos como *Franny y Zooey* (1961) o *Levantad, carpinteros, la viga maestra* (1963), entre otros; de alguna manera lo que había hecho en Francia un siglo antes Honoré de Balzac en su monumental *Comedia humana*. También influiría la trilogía del italiano Fernando Di Leo formada por *Milán calibre 9* (*Milano calibro 9*, 1971), *Nuestro hombre en Milán* (*La mala ordina*, 1972) y *Secuestro de una mujer* (*Il boss*, 1973). En la segunda, la pareja interracial de matones formada por los veteranos Henry Silva y Woody Strode inspiraría la de Travolta-Jackson.

Bruce Willis y Maria de Medeiros en una escena del film.

Del proyecto original de las tres historias, Tarantino conservó *El reloj de oro*, idea de Avary que había elaborado previamente en forma de guion con el título *Pandemonium Reigns*. El realizador la adaptó a las necesidades de la estructura global y añadió el famoso monólogo del capitán Koons. La discusión sobre la paternidad de las historias y del guion llevó a la ruptura de la amistad entre Avary y Tarantino. Finalmente, Avary apareció acreditado como coautor de las historias y por ello pudo optar al Oscar al mejor guion original junto a Tarantino, galardón que finalmente obtuvieron. Sin embargo, en los créditos finales aparece Tarantino en solitario como guionista y director del film.

CINEFILIA A DISCRECIÓN

A diferencia de *Reservoir Dogs*, el segundo largometraje de Quentin Tarantino no toma como modelo dos o tres títulos básicos, sino que desliza infinidad de referencias a lo largo de su metraje, de modo más o menos explícito. Estas citas cinéfilas se pueden encontrar en los pósters colgados en el Jack Rabbit Slim -mayoritariamente de películas de Roger Corman como *Rock All Night* (íd, 1957), *Sorority Girl* (1957), *Rivales pero amigos* (*The Young Racers*, 1963) o *La ley de las armas* (*Machine Gun Kelly*, 1958), pero también de *La chica de las carreras* (*Dragstrip Girl*, 1957) y *Motorcycle Gang* (1957) de Edward L. Cahn, *Attack of the 50 Ft. Woman* (1958) de Nathan Juran, *Daddy-O* (1959) de Lou Place o *Road Racers* (1959), de Arthur Swerdloff-, en la pista de baile en forma de tacómetro -como guiño tanto a *Peligro... línea 7000* (*Red Line 7000*, 1965) de Howard Hawks como a *Pista de carreras* (*Speedway*, 1968) de Norman Taurog, film con Elvis Presley-, en la escena del encuentro fortuito entre Butch y Marsellus mientras el primero conduce un coche -como le sucede a Marion Crane (Janet Leigh) con su jefe en *Psicosis* (*Psycho*, 1960) de Alfred Hitchcock-, en los nombres como el menú Sirk, el batido

Martin y Lewis o la droga Bava -en referencia a los cineastas Douglas Sirk y Mario Bava y actores Dean Martin y Jerry Lewis-, en el brillo resplandeciente del contenido del maletín -como el de *El beso mortal* (*Kiss Me Deadly*, 1955) de Robert Aldrich-, en la escena de la violación que sufre Marsellus -como la que padece Bobby (Ned Beatty) en *Deliverance* (íd, 1971) de John Boorman, film que Tarantino vio a pronta edad-, en el peinado de Mia Wallace -en referencia a la actriz del cine mudo Louise Brooks-, en el apellido de Jules, Winnfield -muy parecido al del actor afroamericano de los años 70 Paul Winfield-, el baile de Mia y Vincent -que tomó como modelo el de *Banda aparte* (*Bande à part*, 1964) de Jean-Luc Godard- o en el nombre del boxeador al que Butch mata en el *ring* y al que se suponía que tenía que haber dejado ganar -el mismo, Wilson, ante el cual el púgil Terry Malloy (Marlon Brando) se había dejado ganar en *La ley del silencio* (*On the Waterfront*, 1954) de Elia Kazan.

LA CONSAGRACIÓN DE TARANTINO

Ganadora de la Palma de Oro del Festival de Cannes gracias a un jurado presidido por Clint Eastwood, la cinta recaudó más de 200 millones de dólares en el mundo. Pero más allá de cifras, la estructura del film, los diálogos banales pero cotidianos, la violencia desacomplejada y el sentido del humor lacerante hicieron de su director un referente instantáneo, uno de esos cineastas en el que los jóvenes aspirantes a directores querían convertirse, como pocas décadas antes había sucedido con Martin Scorsese o Steven Spielberg. Con solo dos cintas ya era objeto de biografías como las de Wensley Clarkson o Jeff Dawson. Incluso con el tiempo, el diccionario Collins incluiría un neologismo a partir de su apellido: *Tarantinoesque*.

En octubre de 2018 se añadiría el Oxford English Dictionary que incluiría *Tarantinoesque* entre cien adendas de corte cinéfilo como *Bergmanesque*, *Bunuelian*, *Godardian*, *Kubrickian*, *Lynchian*, *Scorsesean*, *Spielbergian*, *Wellesian* o *Groundhog Day* (*Día de la marmota*). Define *Tarantinoesque* como «Parecido o imitador de los films de Quentin Tarantino; característico o que recuerda a estas películas» y resume que estas se caracterizan por su «violencia estilizada y gráfica, tramas no lineales, referencias cinéfilas, temas satíricos y dialogo punzante».

GUIÑOS A TARANTINO

El impacto de la cinta se tradujo en constantes referencias en otras obras, ya fuera a parte de su diálogo, carteles del film en los decorados o referencias en los títulos. Entre muchas otras, en la comedia alemana *Der Eisbär* (1998) dirigida por el futuro actor tarantiniano Til Schweiger hay referencias a varias escenas como la de Vincent en el cuarto de baño de Mia; en la comedia alemana *Lammbock* (2001) de Christian Zübert el guiño se vehicula a través del diálogo y la presencia del cartel; una alocada comedia danesa dirigida por Søren Fauli se llamó *Polle Fiction* (2002) en referencia al nombre del protagonista; en *xXx* (íd, 2002) Vin Diesel y Samuel L. Jackson hablan en la misma cafetería que Jackson y Travolta en *Pulp*; en *Una chica de Jersey* (*Jersey Girl*, 2004) de Kevin Smith hay un póster del film en el videoclub en el que trabaja Liv Tyler; en la cinta de acción *Desde París con amor* (*From Paris with Love*, 2010) de Pierre Morel, John Travolta hace referencia que en París al 'cuarto de libra con queso' lo llaman 'royal con queso' en referencia al famoso diálogo; en la francesa *La vida de Adèle* (*La vie d'Adèle*, 2013) de Abdellatif Kechiche, Léa Seydoux baila como Mia Wallace ante Adèle Exarchopoulos; y en *Capitán América: El soldado de invierno* (*Captain America: The Winter Soldier*, 2014) de Anthony y Joe Russo en la tumba de Nick Fury, interpretado por Samuel L. Jackson, está grabada el inicio de la cita bíblica de Ezequiel que recita Jules antes de disparar.

MARCAS DE TARANTINO

Las marcas ficticias Big Kahuna y Red Apple, creadas por Tarantino en sus films, gozan de vida más allá de ellos. Los cigarrillos Red Apple aparecen por primera vez en *Pulp Fiction*. Es la marca de los personajes fumadores de Tarantino, e incluso Django tendrá tabaco Red Apple. Por su parte, la cadena de hamburgueserías Big Kahuna ya aparecía referenciada en *Reservoir Dogs* y lo vuelve a hacer en *Pulp* a través de las víctimas de Jules y Vincent. Tanto la cadena como el producto pueden percibirse en los films de Robert Rodríguez, especialmente *Abierto hasta el amanecer*, como en *Romy y Michele* (*Romy and Michele's High School Reunion*, 1997) de David Mirkin, protagonizada por Mira Sorvino, novia de Tarantino en aquella época.

Además, el rapero Aminé lleva una camiseta de *Pulp Fiction* en el videoclip de su canción *Caroline*, menciona a Tarantino en la letra y aparece una bolsa de papel del Big Kahuna.

Por su parte, la cadena de comida japonesa Teriyaki Donut, vista fugazmente en los productos que lleva Marsellus Wallace cuando es atropellado, se recuperará en *Jackie Brown* más visiblemente.

JACKIE BROWN
(*Jackie Brown*, 1997)

Prod.: Lawrence Bender. Miramax y A Band Apart.

Productores ejecutivos: Elmore Leonard, Bob Weinstein, Harvey Weinstein, Richard N. Gladstein

G.: QUENTIN TARANTINO, basado en la novela *Cóctel explosivo* (*Rum Punch*, 1992) de Elmore Leonard.

Fragmento *Chicks who Love Guns*: Ideado por QUENTIN TARANTINO, escrito y dirigido por Norm Hvam.

Fot.: Guillermo Navarro, en color

Dir. Art.: David Wasco

Mont.: Sally Menke

Vest.: Mary Claire Hannan

Piezas musicales: *Across 110th Street*, compuesta e interpretada por Bobby Womack (*Pánico en la calle 110* (*Across 110th Street*, 1972) de Barry Shear); *Strawberry Letter #23*, de Shuggie Otis e interpretada por The Brothers Johnson; *Baby Love*, de Brian Holland, Lamont Dozier y Edward Holland Jr e interpretada por The Supremes; *Long Time Woman*, de Les Baxter e interpretada por Pam Grier (de *The Big Doll House* (1971) de Jack Hill); *Exotic Dance, Aragon y Escape*, de Roy Ayers (de *Coffy* (1973) de Jack Hill); *Natural High*, de Charles McCormick e interpretada por Bloodstone; *My Touch of Madness*, de Michael Lovesmith e interpretada por Jermaine Jackson; *Tennessee Stud*, de Jimmy Driftwood e interpretada por Johnny Cash; *Didn't I Blow Your Mind thisTime* y *La la la Means I Love You*, de Thomas Bell y William Hart e interpretadas por The Delfonics; *Inside My Love*, de Minnie Riperton, Richard Rudolph y Leon Ware e interpretada por Minnie Riperton; (*Holy Matrimony*) *Letter to the Firm*, de I. Marchand, S. J. Barnes, J.C. Olivier e I. Hayes e interpretada por Foxy Brown con *sample de Ike's Mood Part 1*, compuesto e interpretado por Isaac Hayes; *Who Is He* (*And What Is He to You*), compuesta e interpretada por Bill Withers; *Cissy Strut*, de Joseph Modeliste, Arthur Neville, Leo Nocentelli y George Porter e interpretada por The Meters; *Monte Carlo Nights*, de Elliot Easton e interpretada por Elliot Easton's Tiki Gods; *She Puts Me in the Mood*, compuesta e interpretada por Elvin Bishop; *Undun*, de Randy Bachman e interpretada por The Guess Who; *Midnight Confessions*, de Lou Josie e interpretada por The Grass Roots; *Street Life*, de Will Jennings y Joe Sample e interpretada por Randy Crawford; *Vittrone's Theme- King Is Dead*, de Roy Ayers y Harry Whitaker (de *Coffy* (1973) de Jack Hill); *Grazing in the Grass*, de Philemon Hou y Harry Elston e interpretada por Orchestra Harlow; *The Lions and the Cucumber*, de por Manfred Hubler y Siegfried Schwab e interpretada por The Vampire Sound Incorporation (de *Las vampiras* (1970) de Jesús Franco); *Mad Dog* (*Feroce*), de Umberto Smailia (de *La belva col mitra* (1977) de Sergio Grieco); *Chicks who Love Guns*, compuesta e interpretada por Joseph Julian Gonzalez; *Jizz da Pitt*, de Slash y Mike Inez e interpretada por Slash's Snakepit.

Int.: Pam Grier (Jackie Brown), Samuel L. Jackson (Ordell Robbie), Robert Forster (Max Cherry), Bridget Fonda (Melanie), Michael Keaton (Ray Nicolette), Robert de Niro (Louis Gara), Michael Bowen (Mark Dargus), Chris Tucker (Beaumont Livingston), Lisa Gay Hamilton (Sheronda), Tommy Tiny Lister (Winston), Aimee Graham (Amy), Venessia Valentino (Auxiliar de vuelo).

Duración: 148 minutos

Estreno en EE. UU.: 25 diciembre 1997

Estreno en España: 27 febrero 1998

Pam Grier en la escena inicial de los títulos de crédito.

Sinopsis: Jackie Brown es una azafata de vuelo que aprovecha su trabajo para pasar dinero de su amigo Ordell Robbie, un traficante de armas tras cuya pista van los agentes de policía Ray Nicolette y Mark Dargus. La detienen por su conexión con el criminal. A través de un agente de finanzas, Max Cherry, contratado por Robbie, Brown sale de la cárcel y urde un plan para deshacerse tanto de la policía como de su peligroso benefactor.

Imagen promocional de Jackie Brown *con sus protagonistas principales: Pam Grier, Samuel L. Jackson, Robert de Niro, Michael Keaton, Bridget Fonda y Robert Forster.*

APROVECHANDO EL TIEMPO

Pese a la expectación, antes de decidirse por un proyecto concreto para su tercera película, Tarantino se entretiene en otros terrenos. Pronto haría su primera incursión en la dirección televisiva haciéndose cargo de *Motherhood*, penúltimo episodio -emitido el 11 mayo de 1995- de la primera temporada de la serie *Urgencias* (ER), protagonizada por un George Clooney que todavía no había encontrado su sitio en el cine. De hecho, tardaría poco en posicionarse en él gracias, en parte, a Tarantino. Clooney sería el elegido para protagonizar *Abierto hasta el amanecer* (*From Dusk Till Dawn*, 1996), aquel guion que el cineasta había vendido en 1990 y que ahora recuperaba.

Poco antes el cineasta había calmado las ansias de sus fans con su participación en *Four Rooms* (íd, 1995), cinta de episodios firmados cada uno por directores que se habían conocido en el Festival de Sundance

de 1992: Allison Anders, Alexandre Rockwell, Robert Rodríguez y Tarantino. Ambientada en un hotel, cada episodio sucedía en una habitación distinta y el enlace de todos ellos era el botones, encarnado por un histriónico Tim Roth. El fragmento de Tarantino, *The Man from Hollywood*, se inspiraba en un capítulo de la serie *Alfred Hitchcok presenta* -«Man from the South» (1960) de Norman Lloyd con Steve McQueen y Peter Lorre-, y lo protagonizaba el propio director en la piel de un exitoso actor enfrascado en un juego truculento. La decepción que supuso la calidad global del film no apagó las ganas por un tercer largometraje dirigido solamente por él.

UNA ADAPTACIÓN, CASO RARO

Su siguiente film sería por primera (y última) vez una adaptación, concretamente de una novela de su autor favorito, Elmore Leonard: *Cóctel explosivo* (*Rum Punch*), escrita en 1992. Leonard (1925-2013), prolífico escritor de westerns y novela negra, había sido guionista también de films como *Mr. Majestyk* (íd, 1974), de Richard Fleischer, con Charles Bronson; o *52 vive o muere* (*52 Pick-up*, 1986) de John Frankenheimer, basada en su propia novela. Tarantino siempre ha reconocido la influencia de dicho novelista en su obra y, sobre todo, en sus diálogos: «Fue el primero que me abrió los ojos a las posibilidades dramáticas del habla corriente. A medida que leía más y más sus novelas, fue como si me diera permiso para abordar los personajes a mi manera, haciendo que dieran rodeos al hablar de las cosas. Me enseñó que los personajes se pueden ir por la tangente y que la tangente es un lugar tan bueno como cualquier otro. En realidad, del mismo modo que habla la gente».

Tarantino aprendió del novelista Elmore Leonard a explorar las posibilidades dramáticas del habla corriente.

Tarantino había sopesado la adaptación de otras novelas del escritor, como *Killshot*, en la que había encontrado tanto un papel para él como otro para Harvey Keitel. Sin embargo, se decantó finalmente por *Rum Punch*, la segunda parte de *The Switch* (1978), libro que en su adolescencia Tarantino había intentado robar, sin conseguirlo, de una librería. Los cambios más visibles en la adaptación fueron la nueva localización, California, en vez de Florida, la raza de la protagonista, de caucásica a negra, y el nombre de la mujer, a quien se le cambió el apellido por Brown, guiño a uno de los clásicos de *blaxploitation* interpretados por Pam Grier, *Foxy Brown* (1974) de Jack Hill. El nombre de Jackie Brown es también idéntico al de un personaje masculino secundario de *El confidente* (*The Friends of Eddie Coyle*, 1973) de Peter Yates, basada en la novela *Los amigos de Eddie Coyle*, de George V. Higgins, escritor también caracterizado por las conversaciones banales de sus protagonistas.

El film omitía la mayoría de escenas violentas de la novela, relacionadas con secuaces de Ordell, entre ellas el tiroteo que hiere al agente Dargus, personaje con menos presencia en la novela que en la película. La cinta se centraba en la mirada melancólica de esos personajes perdedores, también presente en la novela. Sin embargo, la obra literaria era más positiva en el final, mientras que el director prefería imitar en la última escena el desenlace de otra cinta protagonizada por Pam Grier, *Sheba Baby* (1975) de William Girdler.

En la página anterior, Pam Grier en el film Foxy Brown, *de Jack Hill (1974). Sobre estas líneas, la escena final de* Jackie Brown *entre Grier y Robert Forster.*

La blaxploitation *fue un subgénero convertido en fenómeno social en los Estados Unidos en la primera mitad de los años setenta. Cine hecho para audiencias negras y urbanas.*

¿BLAXPLOITATION?

Algunos de los cambios mencionados señalan *Jackie Brown* como un homenaje a la *blaxploitation*, films interpretados por actores negros con importantes dosis de violencia y sexo sin escatimar cierta voluntad política. No solo la citada *Foxy Brown*, sino otro clásico del subgénero, *Coffy* (1973) de Jack Hill, quedan marcados como modelos, al menos en parte. Así, Tarantino utiliza mucha de la banda sonora compuesta por Roy Ayers para dicho film y, además de contar con la protagonista, otra vez Grier, reservó un pequeño papel para Sid Haig, actor blanco visto en *Coffy* y otras *blaxploitation*. Sin embargo, se ha de tomar más como un guiño. En *Jackie Brown* hay diversidad racial entre los protagonistas, la violencia es escasa, menor aún el sexo, la manera de mostrar tanto una como otro es más bien de soslayo y la intención política es inexistente.

Muy significativo es el hecho de que el director, aficionado a mostrar películas a los integrantes de su equipo antes de iniciar el rodaje de un film, no proyectó en esta ocasión ninguna cinta *blaxploitation*, sino dos *thrillers* melancólicos como *Libertad condicional* (*Straight Time*, 1978) de Ulu Grosbard, y *El rastro de un suave perfume* (*Hickey and Boggs*, 1972), única película dirigida por el actor Robert Culp que también la coprotagonizaba junto a Bill Cosby. La primera versaba sobre las dificultades de reinserción de un exconvicto y la segunda estaba

desprovista del humor de la serie que había hecho famosos a Culp y Cosby, la comedia de acción *Yo soy espía* (*I Spy*, 1965). La película, nada que ver con la serie, destacaba por su tono desesperanzado y su gran carga de violencia.

Robert de Niro y Bridget Fonda, que interpretan a Louis Gara y Melanie, personajes ociosos y dependientes de Ordell Robbie (Samuel L. Jackson).

Entre las referencias que se suelen destacar del film se incluye la de *Rashomon* (1950), de Akira Kurosawa, para la escena final en los grandes almacenes en que se ve la acción desde diferentes puntos de vista. La comparación no es acertada, ya que en el film japonés se muestran cuatro versiones diferentes de un mismo hecho; aquí, sin embargo, la versión es una sola, la real, que se muestra varias veces según la posición de cada uno de los personajes involucrados. Por otra parte, en el vídeo *Chicks who Love Guns*, que muestra Ordell Robbie a Louis Gara, en el que mujeres con poca ropa disparan armas, puede adivinarse una referencia a la película *Aquel maldito tren blindado*, de Enzo G. Castellari, donde aparece una escena en la que mujeres alemanas desnudas disparan a los protagonistas.

LEONARD CONNECTION

Jackie Brown, que decepcionó a los fans acérrimos del director que se esperaban un nuevo *Pulp Fiction*, está conectada con otras dos películas a través de Elmore Leonard. Por una parte en *Un romance muy peligroso* (*Out of Sight*, 1998) de Steven Soderbergh, basada en una novela de Leonard, Michael Keaton vuelve a interpretar al mismo personaje Ray Nicolette, aunque no aparece acreditado. Por otra parte, en *Life of Crime* (íd, 2013) de Daniel Schechter se adaptaba la novela *The Switch*, primera parte de *Cóctel explosivo*. En ella, repetían tres personajes de *Jackie Brown*: Ordell Robbie, encarnado aquí por Yasiin Bey [Mos Def], Louis Gara (John Hawkes) y Melanie (Isla Fisher).

Libertad condicional fue una de las cintas que mostró el director a su equipo antes de iniciar el rodaje de Jackie Brown.

47

KILL BILL, VOLUMEN 1
(*Kill Bill Volume 1*, 2003)

Prod.: Lawrence Bender. Miramax y A Band Apart.

Productores ejecutivos: Lloyd Philips, Erica Steinberg, Bob Weinstein, Harvey Weinstein, E. Bennett Walsh.

G.: QUENTIN TARANTINO, basado en el personaje de *La novia*, creado por QUENTIN TARANTINO y Uma Thurman

Fot.: Robert Richardson, en color y B/N.

Dir. Art.: David Wasco

Mús.: RZA

Mont.: Sally Menke

Vest.: Kumiko Ogawa y Catherine Marie Thomas

Piezas musicales: *Bang Bang (My Baby Shot Me Down)*, de Sonny Bono; *Music Box Dancer*, de Frank Mills; *Armunco*, compuesta e interpretada por David Allen Young; *Ironside*, de Quincy Jones (de la serie *Ironside*); *Twisted Nerve*, de Bernard Herrmann (de *Nervios rotos* (*Twisted Nerve*, 1968) de Roy Boulting); *That Certain Female*, compuesta e interpretada por Charlie Feathers; *Truck Turner*, compuesta e interpretada por Isaac Hayes (de *Truck Turner* (1974) de Jonathan Kaplan); *Seven Notes in Black*, de Franco Bixio, Fabio Frizzi y Vince Tempera e interpretada por Vince Tempera & Orchestra; *Il Grande Duello Parte prima, Il grande deullo M.10, e Il grande duello Mix II*, de Luis E. Bacalov (de *Gran duelo al amanecer* (*Il grande duello*, 1974) de Giancarlo Santi); *I lunghi giorni della Vendetta*, de Armando Trovajoli (de *Los largos días de la venganza* (1966) de Florestano Vancini); *Wound that Heals*, de Takeshi Kobayashi e interpretada por Lily Chou-Chou; *Run Fay Run*, compuesta e interpretada por Isaac Hayes (de *El policía, el gángster y el violento* (*Uomini duri*, 1973) de Duccio Tessari); *Green Hornet*, compuesta por Billy May e interpretada por Al Hirt (de la serie *El avispón verde* (1966-67)); *The Lonely Shepherd*, de James Last e interpretada por Gheorghe Zamfir; *I Walk Like Jayne Mansfield*, compuesta e interpretada por The 5, 6, 7, 8's; *Woo Hoo*, de George Donald McGraw e

Beatrix Kiddo (Uma Thurman) en busca de venganza. Uno de sus objetivos será la tuerta Elle Driver (Daryl Hannah).

interpretada por The 5, 6, 7, 8's; *Urami-Bushi*, de Shunya Ito y Shun-suke Kikuchi e interpretada por Meiko Kaji (de *Female Prisoner #701:Scorpion / Joshû 701-gô: Sasori* (1972) de Shunya Ito); *I giorni dell'ira*, de Riz Ortolani (de *El día de la ira* (1967) de Tonino Valerii); *Battle Without Honor or Humanity*, compuesta e interpretada por Tomoyasu Hotei (de *New Battles Without Honor or Humanity / Shin Jingi Naki Takatai* (2000) de Kinji Fukasaku); *I'm Blue*, de Ike Turner e interpretada por The 5, 6, 7, 8's; *Super 16*, de Klaus Dinger y Michael Rother e interpretada por NEU!; *White Lightning*, de Charles Bernstein (de *Los traficantes* (1973) de Joseph Sargent); *Death Rides a Horse*, de Ennio Morricone (de *De hombre a hombre / Da uomo a uomo* (1967) de Giulio Petroni); *Champions of Death*, de Shun-suke Kikuchi; *Police Check Point*, compuesta e interpretada por Harry Betts; *Don't Let Me Be Misunderstood / Esmeralda Suite*, de Benjamin, Caldwell, Marcus, Donnez, Skorsky y De Carano e interpretada por Santa Esmeralda; *Nobody But Me*, de Rudolph Isley, Ronald Isley e O'Kelly Isley e interpretada por The Human Beinz; *Flower of Carnage* (*Shura No Hana*), de Kazuo Koike, Masaaki Hirao y Koji Ryuzaki e interpretada por Meiko Kaji (de *Lady Snowblood / Shurayuki hime* (1973) de Toshiya Fujita); *Yagyu Conspiracy*, compuesta e interpretada por Toshiaki Tsushima.
Int.: Uma Thurman (Beatrix Kiddo), Lucy Liu (O-Ren Ishii), Vivica A. Fox (Vernita Green), Michael Madsen (Budd), Daryl Hannah (Elle Driver), David Carradine (Bill), Julie Dreyfus (Sofie Fatale), Sonny Chiba (Hattori Hanzo), Gordon Liu (Johnny Mo), Chiaki Kuriyama (Gogo Yubari), Michael Parks (Earl McGraw), James Parks (Edgar McGraw), Michael Bowen (Buck), Jun Kunimura (Jefe Tanaka), Akaji Maro (Jefe Ozawah), Goro Daimon (Jefe Honda), Shun Sugata (Jefe Benta), Zhang Jin Zhan (Jefe Orgami), The 5, 6, 7,8's -Sachiko Fuji, Yoshiko Yamaguchi y Ronnie Yoshiko Fujiyama (ellos mismos), Zoë Bell (Doble de Beatrix Kiddo).
Duración: 111 minutos
Estreno en EE. UU.: 10 octubre 2003
Estreno en España: 5 marzo 2004

Sinopsis: Beatrix Kiddo, exasesina, busca venganza por la muerte de su prometido a manos de una banda reclutada por su antiguo jefe Bill. Sus primeras víctimas serán Vernita Jones, madre de una niña, y O-Ren Ishii, jefa de la mafia nipona.

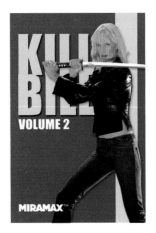

KILL BILL, VOLUMEN 2
(*Kill Bill Volume 2*, 2004)

Prod.: Lawrence Bender. Miramax y A Band Apart.
Productores ejecutivos: Lloyd Philips, Erica Steinberg, Bob Weinstein, Harvey Weinstein, E. Bennett Walsh.
G.: QUENTIN TARANTINO, basado en el personaje de *La novia*, creado por QUENTIN TARANTINO y Uma Thurman
Fot.: Robert Richardson, en color y B/N.
Dir. Art.: David Wasco y Cao Jui Ping
Mús.: Robert Rodríguez
Mont.: Sally Menke
Vest.: Kumiko Ogawa y Catherine Marie Thomas

Beatrix Kiddo (Uma Thurman) y O-Ren Ishii (Lucy Liu) combatiendo con las katanas bajo la nieve.

Piezas musicales: *Bang Bang (My Baby Shot Me Down)*, de Sonny Bono; *Il tramonto*, de Ennio Morricone (de *El bueno el feo y el malo* (*Il buono, il brutto, il cattivo*, 1966) de Sergio Leone; *A Silhouette of Doom*, *The Demise of Barbara* y *The Return of Joe*, de Ennio Morricone (de *Joe el implacable* (*Navajo Joe*,1966) de Sergio Corbucci; *Dies Irae*, de Nora Orlandi e interpretada por Paolo Ormi; *Ay qué caray*, compuesta e interpretada por Marilú Esmeralda Aguiluz; *A Satisfied Mind*, de Joe Red Hayes y Jack Rhodes e interpretada por Johnny Cash; *Per un pugno di dollari*, de Ennio Morricone (de *Por un puñado de dólares* (1964) de Sergio Leone); *L'arena* y *Ripresa*, de Ennio Morricone y Bruno Nicolai (de *Salario para matar* (*Il mercenario*, 1969) de Sergio Corbucci); *Can't Hardly Stand It*, de Charlie Feathers, Jerry Huffman y Joe Chastain e interpretada por Charlie Feathers; *Title Theme*, compuesta e interpretada por Isaac Hayes (de *El policía, el gángster y el violento* (*Uomini duri* (1973) de Duccio Tessari); *The Chase*, compuesta e interpretada por Alan Reeves, Phil Steele y Philip Brigham; *Sunny Road to Salina*, de Daniel Bevilacqua e interpretada por Christophe; *Ironside*, de Quincy Jones (de la serie *Ironside*); *Tú mirá*, de Manuel Molina Jiménez y José Manuel Flores e interpretada por Lole y Manuel; *Summertime Killer*, de Luis Enrique Bacalov (de *Un verano para matar* (1971) de Antonio Isasi Isasmendi); *Invincible Pole Fighter*, compuesta e interpretada por Chun Hau So & Chin Yun Shing; *About Her*, de M. McLaren, W. C. Handy y Rod Argent e interpretada por Malcolm McLaren con samples de *She's Not There*, de Rod Argent e interpretada por The Zombies, y *St. Louis Blues*, de W,C, Handy e interpretada por Bessie Smith (del cortometraje *St. Louis Blues* (1929) de Dudley Murohy); *Goodnight Moon*, de Ambrosia Parsley y Duke McVinnie e interpretada por Shivaree; *Malagueña salerosa*, de Pedro Galindo y Elpidio Ramírez e interpretada por Chingón; *Urami-Bushi*, de Shunya Itoy Shun-suke Kikuchi e interpretada por Meiko Kaji; *Black Mamba*, compuesta e interpretada por Wu Tang Clan.

Int.: Uma Thurman (Beatrix Kiddo), David Carradine (Bill), Michael Madsen (Budd), Daryl Hannah (Elle Driver), Gordon Liu (Pai Mei / Johnny Mo), Michael Parks (EstebanVihaio / Earl McGraw), Bo Svenson (Reverendo Harmony), Jeannie Epper (Sra. Harmony), Stephanie L. Moore (Joleen), Shana Stein (Erica), Samuel L. Jackson (Rufus), Perla Haney-Jardine (B. B.), Sid Haig (Jay), Larry Bishop (Larry Gómez), Venessia Valentino (Profesora primer grado), James Parks (Edgar McGraw), Lawrence Bender (Recepcionista de hotel), The 5, 6, 7,8's -Sachiko Fuji, Yoshiko Yamaguchi y Ronnie Yoshiko Fujiyama (ellos mismos), Julie Dreyfus (Sofie Fatale), Vivica A. Fox (Vernita Green), Lucy Liu (O-Ren Ishii), Sonny Chiba (Hattori Hanzo), Zoë Bell (Doble de Beatrix Kiddo), Monica Staggs (Doble de Elle Driver).

Duración: 131 minutos
Estreno en EE. UU.: 16 abril 2004
Estreno en España: 23 julio 2004

Sinopsis: Tras la eliminación de Vernita Jones y O-Ren Ishii, Beatrix Kiddo busca a los miembros restantes de la banda que le propinaron una paliza y mataron a su prometido: Elle Driver, Budd y el jefe de todos ellos Bill.

Una de las escenas más espectaculares de la primera parte de Kill Bill es el enfrentamiento contra los 88 maníacos.

EL PARÓN MÁS LARGO

El sorprendente cambio de estilo reflejado en *Jackie Brown* se saldó con números de taquilla muy alejados de los conseguidos por *Pulp Fiction*, 40 frente a 108 en Estados Unidos. El director se encontraba ante el desafío de reorientar su carrera. Tardó seis años en iniciar un

La segunda parte de Kill Bill *otorga un mayor interés a la trama dramática, sin olvidar la violencia.*

El actor Gordon Liu encarna a Pai Mei, el entrenador de Beatrix en Kill Bill 2. *El personaje de Mei era un villano que había aparecido en cintas de artes marciales producidas en Hong Kong por la compañía Shaw Brothers.*

proyecto y en ese lapso de tiempo retomó su inquietud actoral incluso en Broadway. Así, el 5 de abril de 1998 debutaba en el Brooks Atkinson Theater de Nueva York como protagonista de *Wait Until Dark*, obra de Frederick Knott popular por su adaptación cinematográfica, *Sola en la oscuridad* (*Wait Until Dark*, 1968), de Terence Young en la que Audrey Hepburn encarnaba a una mujer ciega acosada en una noche en su piso por una organización interesada en un objeto que sin saberlo la invidente poseía. El papel femenino fue interpretado por Marisa Tomei y Tarantino dio vida al villano de la función (Alan Arkin en cine). Las críticas fueron terribles con el cineasta. No por ello Tarantino dejó de flirtear con la interpretación y se le vería en los años siguientes en un pequeño papel de *Little Nicky* (íd, 2000) de Steven Brill, vehículo para lucimiento del cómico Adam Sandler, y en un capítulo de la primera temporada de la serie *Alias* (2002). Sin embargo, Tarantino ya le estaba dando vueltas a su nuevo proyecto. Era una idea que había surgido durante el rodaje de *Pulp Fiction*. En un descanso él y Uma Thurman habían ideado el personaje de *La Novia*, una exasesina a la que una banda de mercenarios dan por muerta tras propinarle una brutal paliza el día de su boda. Los títulos de crédito de *Kill Bill* consignan que la creación del personaje de *La novia* es debida a Q&U (Quentin y Uma). El proyecto se pospuso ante la fijación de Tarantino por la novela de Elmore Leonard, pero retomó la idea con el cambio de siglo. Uma Thurman seguía siendo *La Novia*, también conocida como *La Mamba Negra*. De hecho, el embarazo de la actriz y el compromiso férreo del director con ella retrasaron el rodaje un año más.

UNA POR EL PRECIO DE DOS

El exceso de presupuesto, tiempo de rodaje y metraje llevaron a la decisión de, en vez de completar un solo film, dividirlo en dos, que se verían, en EE. UU. al menos, en años distintos. Esta es una práctica que se ha hecho más o menos habitual desde aquellos años. Peter Jackson dividió en tres entregas su adaptación de *El señor de los anillos* (2001-2003) y los hermanos Wachowski presentaron en dos partes la secuela de *Matrix* (1999): *The Matrix Reloaded* (2003) y *The Matrix Revolutions* (2003). Desde entonces sagas como *Harry Potter* o *Los juegos del hambre* (*The Hunger Games*) han dividido algunas de sus entregas en dos partes con estreno diferido en el tiempo.

En el caso de *Kill Bill*, las dos partes presentan diferencias de tono. La primera concentra mayor dosis de acción, violencia y escenas de lucha a imagen y semejanza de los referentes asiáticos de los que se sirve Tarantino. En la segunda, sin abandonar la violencia, se incorpora un mayor interés por la trama dramática -la maternidad recobrada de la Novia- y reaparece la verbosidad característica del cineasta, sobre todo en el enfrentamiento dialéctico final entre Beatrix y Bill. El director estrenó el 27 de marzo de 2011 -su 48º aniversario- en el New Beverly Cinema, cine de su propiedad desde 2007, *Kill Bill: The Whole Bloody Affair*,

versión en un solo tomo de las dos partes en las que entre los pocos cambios destacaban la prolongación hasta la media hora de la secuencia de anime en que se explican los orígenes de O-Ren Ishii, la ausencia del B/N en la lucha contra los 88 maníacos, esbirros de Ishii, y la eliminación en la primera parte de la escena final en la que se revelaba (prematuramente) que el retoño de la protagonista había sobrevivido al ataque.

MADE IN ASIA

Kill Bill dirige su mirada hacia el cine oriental. Si bien es cierto que la trama -la venganza de una mujer tras quedarse viuda el día de la boda- es el argumento que utilizó François Truffaut en *La novia vestía de negro* (*La mariée était en noir*, 1968), basada en la novela de William Irish, el cine de explotación japonés contiene numerosos ejemplos de mujeres vengadoras. Para el díptico que nos ocupa, una referencia básica fue el personaje conocido internacionalmente como *Lady Snowblood*, original del manga de Kazuo Koike, pero revelado a Tarantino a través de los dos films que realizó Toshiya Fujita: *Lady Snowblood* (*Shurayuki hime*, 1973) y *Lady Snowblood: Love Song of Vengeance* (*Shurayuki hime: Urami koiuta*, 1974). En el primero de ellos, la protagonista, Oyuki, encarnada por Meiko Kaji, se vengaba de quienes mataron a su padre y violaron a su madre. La propia Kaji interpretaría por esas mismas fechas una conocida serie de películas del subgénero *Pinky Violence* que añadía a la violencia sexo en mayor o menor medida: *Female Prisoner #701: Scorpion* (1972-1973), la cuarta y última de las cuales, dirigida por Yasuharo Hasebe, se llamaba *Urami Bushi* (*La canción del rencor*), nombre de una de las piezas musicales de la serie que utiliza Tarantino en el film. En ese conjunto de películas, Meji busca venganza en la cárcel donde la torturan y en la que está presa injustamente.

Otra referencia utilizada por el director fue *El asesino del Shogun: Espada y sortilegio* (*Shogun Assassin*, 1980) de Robert Houston, refrito, en realidad, de las dos primeras entregas de la saga *Kozure Ôkami* (1972), dirigidas por Kenji Misumi, acerca de un samurai sin amo que huye junto a su hijo después de que hayan matado a su esposa. No solo utilizó Tarantino movimientos de katana sacados de este film, sino que *El asesino del Shogun* es lo que ven madre e hija antes del duelo final con Bill.

Por otra parte, en el enfrentamiento contra los 88 maníacos, cuando la imagen cambia de blanco y negro a azul en un fondo reticulado, alude al inicio de la comedia *Samurai Fiction* (1998) de Hiroyuki Nakano, en la que el color dominante es el rojo, a la vez que sirve de homenaje a Seijun Suzuki, director de películas de yakuzas como *El vagabundo de Tokyo* (*Tôkyô Nagaremono*, 1966), y a su uso recurrente de fondos monocromáticos. Además, el traje amarillo que lleva Beatrix ahí remite al de Bruce Lee en los enfrentamientos finales de *Juego con la muerte* (1978) de Robert Clouse. Otra referencia a Lee es el uso de la banda sonora de la serie *El avispón verde* (*The Green Hornet*, 1966-1967) que él coprotagonizaba ataviado con una máscara, utilizada también por los 88 maníacos.

Sobre estas líneas, Vernita Jones (Vivica A. Fox) a punto de ser ensartada por afiladas cuchillas.

Kill Bill *dirige su mirada hacia el cine oriental en forma de mujer vengadora.*

DEATH PROOF
(*Death Proof*, 2007)

Prod.: Elizabeth Avellán, Robert Rodríguez, QUENTIN TARANTINO y Erica Steinberg. The Weinstein Company, Dimension y Troublemaker.

Prod. Ejec.: Shannon McIntosh, Bob Weinstein y Harvey Weinstein

G.: QUENTIN TARANTINO

Fot.: QUENTIN TARANTINO, en color y B/N

Dir. Art.: Steve Joyner

Mont.: Sally Menke

Vest.: Nina Proctor

Piezas musicales: *Funky Fanfare*, de Keith Mansfield; *The Last Race*, de Jack Nitzsche (de *Village of Giants* (1965) de Bert I. Gordon); *Baby, It's You*, de Burt Bacharach e interpretada por Smith; *Paranoia Prima*, de Ennio Morricone (de *El gato de las nueve colas* (*Il gatto a nove code*, 1971) de Dario Argento); *Jeepster*, de Marc Bolan e interpretada por T-Rex; *Sally and Jack*, de Pino Donnagio (de *Impacto* (*Blow Out*, 1981) de Brian de Palma); *The Love You Save* (*Maybe Your Own*), compuesta e interpretada por Joe Tex; *Good Love, Bad Love*, de Alvertis Isbell y Eddie Floyd e interpretada por Eddie Floyd; *Staggolee*, de John Michael Hille y Charles E. Allen e interpretada por

Pacific Gas & Electric; *Hold Tight*, de Alan Blaikley y Ken Howard e interpretada por Dave Dee, Dozy, Beaky, Mike & Tich; *Down in Mexico*, de Jerry Leiber y Mike Stoller e interpretada por The Coasters; *It's so Easy*, compuesta e interpretada por Willy DeVille; *Introduction*, de Bernard Herrmann (de *Nervios rotos* (1968) de Roy Boulting); *Violenza in attesa*, de Ennio Morricone (de *El pájaro de las plumas de cristal* (*L'ucello dalle piume di cristallo*, 1968) de Dario Argento; *Riot in Thunder Alley*, de Richie Podolor e interpretada por Eddie Beram (de *Curva peligrosa* (*Thunder Alley*, 1967) de Richard Rush); *Italia mano armata*, de Franco Micalizzi (de *Italia a mano armata* (1976) de Marino Girolami; *Gangster Story*, de Guido De Angelis y Maurizio De Angelis (de *La policia detiene, la ley juzga* (*La polizia incrimina, la egge assolve*, 1973) de Enzo G. Castellari); *La polizia sta a guardare*, de Stelvio Cipriani (de *La polizia sta a guardare* (1973)

de Roberto Infascelli); *Dragon's Claw*, compuesta e interpretada por Chen Tsu-Chi y Chow Fook-Leung (de *Dragon's claw / Wu zhao shi ba fan* (1979) de Joseph Kuo); *Laisser tomber les filles*, de Serge Gainsbourg e interpretada por April March; *Chick Habit*, de Serge Gainsbourg, Lu Ginsberg y Elinor Blake e interpretada por April March.

Int.: Kurt Russell (Especialista Mike), Zoë Bell (Ella misma), Rosario Dawson (Abernathy), Vanessa Ferlito (Arlene), Sydney Tamiia Poitier (Jungle Julia), Tracie Thoms (Kim), Rose McGowan (Pam), Jordan Ladd (Shanna), Mary Elizabeth Winstead (Lee), QUENTIN TARANTINO (Warren), Marcy Harriell (Marcy), Eli Roth (Dov), Omar Doom (Nate), Michael Bacall (Omar), Monica Staggs (Lanna Frank), Michael Parks (Earl McGraw), James Parks (Edgar McGraw), Marley Shelton (Dra. Block McGraw), Charlene Dlabaj (Doble de Shanna), Shannon Hazlett (Doble de pies de Arlene).

Duración: 109 minutos

Estreno en EE. UU.: 21 julio 2007

Estreno en España: 31 agosto 2007

Sinopsis: El perturbado Mike es un antiguo especialista de escenas de acción que se obsesiona en acosar sin contemplaciones a todo grupo de jovencitas que encuentra en la carretera. Eso les sucede a la estrella de la radio Jungle Julia y sus amigas. Sin embargo, más adelante, Stuntman Mike encontrará la horma de su zapato en Zoë, otra especialista de la nueva generación, que se dispone con sus amigas a comprar y, lo más importante, probar un vehículo mítico.

Kurt Russell interpreta a un perturbado que se dedica a acosar a jovencitas en la carretera.

A DOS METROS BAJO TIERRA

Con *Kill Bill* Tarantino había recuperado la sintonía con el público. La primera parte recaudó 180 millones de dólares en todo el mundo y la segunda, 152. Sin embargo, antes de enfrascarse en un nuevo proyecto cinematográfico realizó su segunda incursión en la televisión como director. Esta vez, el capítulo doble *Peligro sepulcral* (*Grave Danger*, 2005), el último de la quinta temporada de CSI. En ella, retomaba un concepto aparecido en el film protagonizado por Uma Thurman: el entierro en vida de *La Novia*. Aquí, uno de los miembros del equipo de forenses era secuestrado y enterrado vivo a cambio de un rescate. Aparte del reparto habitual (William Petersen, Marg Helgenberger, Gary Dourdan, George Eads, Paul Guilfoyle, Jorja Fox, Eric Szmanda, Robert David Hall y también el ocasional Scott Wilson), Tarantino contó con John Saxon y cameos de Tony Curtis, Frank Gorshin y Lois Chiles, chica Bond en *Moonraker* (1979) de Lewis Gilbert.

CINE DE BARRIO

Death Proof, su quinta película -si se conciben los dos volúmenes de *Kill Bill* como una pieza única-, se encuadra en un proyecto mayor que

solamente se materializó en Estados Unidos. Un día en casa de Tarantino, su amigo Robert Rodríguez reparó en uno de los carteles que colgaban de las paredes. Era el de una sesión doble constituida por el drama juvenil *Rock All Night* (1957) de Roger Corman y la cinta de coches *La chica de las carreras* (*Dragstrip Girl*, 1957) de Edward L. Cahn -en la que aparecía Frank Gorshin-, dos films cuyos posters individuales había utilizado Tarantino más de diez años antes como parte de la decoración retro del Jack Rabbit Slim de *Pulp Fiction*.

Fue Rodríguez quien planteó el proyecto de crear una sesión *Grindhouse*, nombre dado a los cines que proyectaban a pares films comerciales de bajo presupuesto con gran dosis de acción, violencia y/o sexo. Así, cada uno de los cineastas dirigiría una película, pero se proyectarían juntas en una sola sesión. Para apuntalar el trampantojo vintage se incluirían en las películas defectos que recordasen las proyecciones accidentadas de décadas atrás, tales como rayaduras o pérdidas de rollos, y se encargarían varios tráilers falsos de films inexistentes a realizadores amigos. Los tráilers fueron dirigidos por Rob Zombie (*Werewolf Women of the S.S.*, con Udo Kier, Sybil Danning y Nicolas Cage), Eli Roth (*Thanksgiving*, con Jay Hernandez y Jordan Ladd), Edgar Wright (*Don't*, con Simon Pegg y Nick Frost) y el propio Rodríguez (*Machete*, con Danny Trejo, Jeff Fahey y Cheech Marin), el único que se convertiría en film, en 2010, y a cuyo reparto se añadirían Robert de Niro, Steven Seagal y Don Johnson, entre otros.

Sydney Tamiia Poitier, hija de Sidney Poitier, encarna a Jungle Julia, una de las primeras víctimas de Stuntman Mike.

Death Proof fue estrenada en los cines de los EE. UU. junto a la película de Robert Rodríguez Planet Terror, *bajo el título colectivo* Grindhouse. *Se emulaban así los programas dobles de los cines de barrio.*

En la página siguiente, Mary Elizabeth Winstead, que encarna a la amiga ingenua de Zoë Bell y Rosario Dawson.

Tarantino se fijó en las películas de coches de los años setenta para crear Death Proof.

LOS AUTOS LOCOS

Para su viaje en el tiempo, nuestro director se fijó en las películas de coches de los años setenta, e incluso, en algún caso, llegó a hacerlas parte de la trama, como sucede con *Punto límite: cero* (*Vanishing Point*, 1971) de Richard C. Sarafian, film en que el protagonista (Barry Newman) conduce un Dodge Challenger blanco de 1970. Es el mismo modelo que el personaje de Zoë montará de forma espectacular en la escena final. Otros títulos citados son *Faster, Pussycat, Kill! Kill!* (1965) de Russ Meyer -una imagen de su protagonista Tura Satana aparece en la camiseta de Shanna (Jordan Ladd)-, *Gone in 60 seconds* (1974) de Hal B. Halicki -mencionada por Tracie Thoms en el film y alabada en detrimento del conocido *remake* protagonizado por Angelina Jolie-, *Infierno en la carretera* (*White Line Fever*, 1975)

de Jonathan Kaplan, *Convoy* (íd, 1978) de Sam Peckinpah a través del ornamento del capó en forma de pato usado también allí, *La carrera de la muerte del año 2000* (*Death Race 2000*, 1975) de Paul Bartel y *La indecente Mary y Larry el Loco* (*Dirty Mary Crazy Larry*, 1974) de John Hough, film interpretado por Peter Fonda que ya veía su hija Bridget en *Jackie Brown* y que aquí se cita directamente con una de las matrículas de los coches de Kurt Russell (938-DAN). El otro coche de Stuntman Mike exhibe JJZ-109, vista en *Bullitt* (íd, 1968) de Peter Yates, *thriller* protagonizado por Steve McQueen y célebre por sus largas persecuciones por las calles de San Francisco.

Además, el cine formaba en sí mismo parte de la trama, ya que Tarantino hacía de los especialistas de cine los protagonistas de la película. No solo porque el villano fuera un *stuntman*, sino porque la heroína era una *stuntwoman* que se interpretaba a sí misma, Zoë Bell. También Monica Staggs, una de las víctimas de Stuntman Mike, es doble de escenas de acción: lo fue de Daryl Hannah en *Kill Bill*. Por otra parte, varios personajes del film hacen referencia a Mike confundiéndolo con Burt Reynolds a través de algunas de sus películas, como *Hooper, el increíble* (*Hooper*, 1978), dirigida por el *stuntman* Hal Needham y en la que Reynolds encarnaba a un doble de acción.

Por otra parte, al igual que hiciera en *Pulp Fiction*, Tarantino cubre de carteles de films de género el local en el que descansan Jungle Julia y sus amigas, en este caso, films hispanos: las mexicanas *La liga de las muchachas* (1950), de Fernando Cortés, *En carne viva* (1951) de Alberto Gout, *La mujer sin lágrimas* (1951) de Alfredo B. Crevenna, *Las tres Elenas* (1954) de Emilio Gómez Muriel, *Morir para vivir* (1954) de Miguel Morayta, *Bajo el manto de la noche* (1962) de Juan Orol, además del poster en español de *La gran aventura de Tarzán* (*Tarzan's Greatest Adventure*, 1959) de John Guillermin, *El arquero de Sherwood* (*L'arciere di Sherwood*, 1971) de Giorgio Ferroni y *Perros de paja* (*Straw Dogs*, 1971) de Sam Peckinpah. Marcy (Marcy Harriell) lleva, además, una camiseta con el título en italiano (*L'ultimo buscadero*) de *Junior Bonner* (1972) de Sam Peckinpah.

Zoë Bell en el capó del coche en la escena final de la película.

En cuanto a la escena final de Zoë Bell en el capó del coche conducido por sus otras dos compañeras es una reinterpretación de la escena del film australiano *Fair Game* (1986) de Mario Andreacchio en que tres perturbados cazadores de canguros ataban a la protagonista semidesnuda en la parte delantera del vehículo.

TÚ A CANNES, YO A LOCARNO

Por su parte, el film que dirigió Robert Rodríguez, *Planet Terror*, versaba sobre un arma química que convertía a sus víctimas en zombis. El elenco lo formaban Freddy Rodríguez, Josh Brolin, Jeff Fahey, Bruce Willis y Rose McGowan, actriz que también aparecía en la cinta de Tarantino como la primera víctima de Stuntman Mike. Además de ella, repetían Michael Parks, Marley Shelton (en los mismos personajes) o el propio Tarantino (como militar rijoso), lo que contribuía a dar un aspecto de coherencia a la propuesta *Grindhouse*, algo que se reforzaba con la fugaz mención de la muerte de Jungle Julia. Sin embargo, de tal cohesión solo pudo percatarse el público estadounidense, ya que los hermanos Weinstein decidieron partir la distribución de las dos cintas en Europa. Así, en mayo de 2007 el Festival de Cannes acogió en sección oficial a concurso el estreno de *Death Proof* y en agosto *Planet Terror* se vería en la sección paralela Piazza Grande del Festival de Locarno.

MALDITOS BASTARDOS
(*Inglourious Basterds*, 2009)

Prod.: Lawrence Bender. The Weinstein Company y A Band Apart.

Prod. Ejec.: Lloyd Phillips, Erica Steinberg, Bob Weinstein y Harvey Weinstein

G.: QUENTIN TARANTINO

Fot.: Robert Richardson, en color

Dir. Art.: David Wasco

Mont.: Sally Menke

Vest.: Anna B. Shepard

Cartel promocional de la película Malditos bastardos, *con Brad Pitt en primer plano, rodeado por Eli Roth, Til Schweiger, Diane Kruger y Mélanie Laurent.*

Piezas musicales: *The Green Leaves of Summer*, de Dimitri Tomkin y Paul Francis Webster e interpretada por Nick Perito y orquesta (de *El Álamo* (*The Alamo*, 1960) de John Wayne); *Dopo la condanna* y *La resa*, de Ennio Morricone (de *El halcón y la presa* (*La resa dei conti*, 1966) de Sergio Sollima); *L'incontro con la figlia*, de Ennio Morricone (de *El retorno de Ringo / Il ritorno di Ringo* (1966) de Duccio Tessari); *Main Title* y *Hound Chase*, de Charles Bernstein (de *Los traficantes* (*White Lightning*, 1973) de Joseph Sargent); *Ripresa*, de Ennio Morricone y Bruno Nicolai (de *Salario para matar* (*Il mercenario*, 1969) de Sergio Corbucci); *Slaughter*, compuesta e interpretada por Billy Preston (de *Operación Masacre* (*Slaughter*, 1972) de Jack Starrett; *Algeri: 1 novembre 1954*, de Ennio Morricone y Gillo Pontecorvo (de *La batalla de Argel* (*La battagli dia Algeri*, 1966) de Gillo Pontecorvo); *One Silver Dollar*, de Gianni Ferrio e interpretada por The Film

Mélanie Laurent interpretando a Shosanna Dreyfus, a punto de provocar una gran pira funeraria.

Studio Orchestra (de *Un dólar agujereado* (*Un dollaro bucato*,1965) de Giorgio Ferroni); *Bath Attack*, de Charles Bernstein (de *The Entity* (1982) de Sidney J. Furie); *Al di là della legge*, compuesta por Riz Ortolani (de *Más allá de la ley* (1968) de Giorgio Stegani); *Main Theme, The Fight* y *Claire's First Appearance*, de Jacques Loussier (de *Último tren a Katanga* (*The Mercenaries*, 1967) de Jack Cardiff); *Davon geht die Welt nicht unter*, de Bruno Balz y Michael Jary e interpretada por Zarah Leander (de *El gran amor* (*Die grosse Liebe*, 1942) de Rolf Hansen); *The Man with the Big Sombrero*, de Phil Boutelje y Foster Carling e interpretada por Samantha Shelton y Michael Andrew (inspirada en la grabación original de June Havoc); *Ich wollt ich wär ein Huhn*, de Hans-Fritz Beckmann y Peter Kreuder e interpretada por Lilian Harvey y Willy Fritsch (de *El trío de la fortuna / Glückskinder* (1936) de Paul Martin); *Putting Out the Fire*, de Giorgio Moroder y David Bowie e interpretada por David Bowie (de *El beso de la pantera* (*Cat People*, 1981) de Paul Schrader; *Mystic and Severe*, de Ennio Morricone (de *De hombre a hombre* (*Da uomo a uomo*, 1967) de Giulio Petroni); *Tiger Tank*, de Lalo Schifrin (de *Los violentos de Kelly* (*Kelly's Heroes*, 1970) de Brian G. Hutton); *The Devil's Rumble*, de Davie Allan y Mike Curb e interpretada por Davie Allan & The Arrows (de *Devil's Angels* (1967) de Daniel Haller); *What'd I Say*, de Ray Charles e interpretada por Rare Earth; *Zulus*, de Elmer Bernstein (de *Amanecer zulú* (*Zulu Dawn*, 1979) de Douglas Hickox); *Un amico*, de Ennio Morricone (de *Revolver* (1973) de Sergio Sollima); *Eastern Condors*, de Chung Ting Yat (de *Eastern Condors* (*Dung fong*

El teniente Aldo Raine,
gran coleccionista de
cabelleras de soldados
alemanes.

tuk ying, 1987) de Sammo Hung; *Rabbia e tarantella*, de Ennio Morricone (de *Allonsanfan* (1974) de Paolo y Vittorio Taviani).
Int.: Brad Pitt (Teniente Aldo Raine), Mélanie Laurent (Shosanna Dreyfus), Christoph Waltz (Coronel Hans Landa), Daniel Brühl (Frederick Zoller), Diane Kruger (Bridget von Hammersmack), Eli Roth (Sargento Donny Donowitz), Til Schweiger (Sargento Hugo Stiglitz), Michael Fassbender (Teniente Archie Hicox), Jacky Ido (Marcel), B. J. Novak (Smithson Utivich), Omar Doom (Omar Ulmer), August Diehl (Mayor Hellstrom), Denis Ménochet (Pierre LaPadite), Sylvester Groth (Joseph Goebbels), Martin Wuttke (Adolf Hitler), Mike Myers (General Ed Fenech), Julie Dreyfus (Francesca Mondino), Rod Taylor (Winston Churchill), Michael Bacall (Michael Zimmerman), Christian Berkel (Eric), Léa Seydoux (Charlotte La Padite), Tina Rodríguez (Julie LaPadite), Lena Friedrich (Suzanne LaPadite), Rainer Bock (General Schonherr), Bo Svenson (General americano), Gregory Nicotero (Mayor de la Gestapo), QUENTIN TARANTINO (Soldado americano en El orgullo de la nación), Samuel L. Jackson (Narrador), Harvey Keitel (Comandante SS), Enzo G. Castellari.
Duración: 146 minutos
Estreno en EE. UU.: 21 agosto 2009
Estreno en España: 18 septiembre 2009

Sinopsis: El teniente Aldo Raine lidera un grupo de cazanazis que corta la cabellera a sus prisioneros. La próxima misión de Raine consiste en eliminar al mismísimo Hitler aprovechando la presencia del dictador en un pequeño cine francés donde va a tener lugar el estreno de la película de propaganda *El orgullo de la nación*, crónica de la hazaña heroica del soldado Frederick Zoller, que se interpreta a sí mismo. La sala está regentada por Shosanna Dreyfus, joven judía que huyó en su adolescencia del cazajudíos Hans Landa, al que reencontrará con motivo del evento cinematográfico. Shosanna urdirá su particular venganza.

En el cine regentado por Shosanna los nazis tienen previsto estrenar El orgullo de la nación, *que narra las hazañas del soldado Zoller (Daniel Brühl).*

MISIÓN IMPOSIBLE EN LA FRANCIA OCUPADA

Ya en 1994, tras el estreno de *Pulp Fiction*, Tarantino confesaba en una entrevista en la revista *Rolling Stone* su intención algún día de hacer una película de aventuras bélicas de un grupo de hombres en una misión, en la línea de *El desafío de las águilas* (*Where Eagles Dare*, 1968) de Brian G. Hutton, su favorita de dicho subgénero. La gestación acabaría siendo larga.

Inició el guion de *Malditos bastardos* en 1998, después de *Jackie Brown*, pero se sucedieron proyectos antes de que diera la forma definitiva. Incluso ya acabada *Death Proof* se le ocurrió hacerla como serie de televisión de doce episodios, idea de la que le disuadió el realizador francés Luc Besson. En la primera mitad de 2008 depuró el guion y la cinta se rodaría con vistas a estrenarla en el Festival de Cannes del año siguiente. La historia que se quedó fuera tomaría el título de *Killer Crow* y permanece como uno de los proyectos del director, el seguimiento de una tropa de soldados negros, lo que, de hacerse, sería otro guiño a la *blaxploitation*.

BASTARDOS DE KATANGA

El título original del film, *Inglourious Basterds*, remite al título inglés -*The Inglorious Bastards*- de *Aquel maldito tren blindado* (*Quel maledetto treno blindato*, 1978) de Enzo G. Castellari. De hecho, el film es conocido como un *remake* oficioso del de Castellari. Sin embargo, los argumentos difieren. En cambio, otro título -también de trama diferente- parece haber sido tenido

más en cuenta a la hora de la realización del film: *Último tren a Katanga* (*Dark of the Sun*, 1967) de Jack Cardiff, en torno a un grupo de mercenarios en el Congo que tiene la misión de recuperar unos diamantes guardados en una caja fuerte en una ciudad amenazada por las tropas rebeldes. Hay en el film de Tarantino muchos guiños a él. Su protagonista, el australiano Rod Taylor, aparece en un breve cameo encarnando a Winston Churchill y la

El austríaco Christoph Waltz consiguió la fama internacional gracias a su papel de coronel cazajudíos en Malditos bastardos.

Diane Kruger interpreta a una actriz alemana que trabaja para el bando británico. Su personaje está inspirado en la actriz angloalemana Lilian Harvey (1906–1968) que ayudó a escapar a un amigo de la Alemania nazi y que en la II guerra mundial fue enfermera de la Cruz Roja. La última canción de la escena de la taberna está cantada por Harvey, «Ich wollt ich wär ein Huhn».

banda sonora original de Jacques Loussier se oye a lo largo de la cinta a través de varios de sus temas. Además, fue uno de los títulos escogidos por el cineasta para mostrar a su equipo antes de rodar. En cuanto a escenas, la del tiroteo en la taberna en que se encuentran con el personaje de Diane Kruger, está inspirada en otro tiroteo de *Último tren a Katanga*, aunque menos claustrofóbico. Por otra parte, la tía de Shosanna, interpretada por la actriz Maggie Cheung, se llamaba Madame Mimieux, en honor a la protagonista de la cinta de Cardiff, la actriz norteamericana Yvette Mimieux, pero el personaje, aunque rodado, fue sacrificado en el montaje final.

NOMENCLATOR CINÉFILO

No es el único nombre de reminiscencias cinéfilas que se cuela en la cinta. Así, el del protagonista Aldo Raine es una mezcla del nombre del actor Aldo Ray -protagonista de *Al caer la noche* (*Nightfall*, 1956) de Jacques Tourneur y actor con el que Tarantino comparó el Bruce Willis de *Pulp Fiction*- y el del personaje principal de *El ex-preso de Corea* (*Rolling Thunder*, 1977) de John Flynn, el mayor Charles Rane. Por su parte, el alemán Til Schweiger adopta,

sin cambio alguno, el nombre del actor mexicano Hugo Stiglitz, habitual de productos *exploitation* de su país. Por su parte el militar crítico de cine encarnado por Michael Fassbender responde al nombre de Hicox que suele asociarse al maestro del suspense Alfred Hitchcock, pero que tiene mayor acomodo al de Douglas Hickox, director británico de *La celada* (*Sitting Target*, 1972), *thriller* violento admirado por Tarantino, y *Amanecer zulú* (*Zulu Dawn*, 1979), cuya banda sonora, compuesta por Elmer Bernstein, se usa en el film. Uno de los soldados de Raine se llama Omar Ulmer, apellidado este como Edgar G. Ulmer, referente de la serie B con clásicos como *Satanás* (*The Black Cat*, 1934), *Barbazul* (*Bluebeard*, 1944) o *Detour* (1945).

Además, como nota exótica, el cómico Mike Myers tiene un pequeño papel encarnando al General Ed Fenech junto a Rod Taylor. La referencia sería la actriz Edwige Fenech, protagonista de decenas de comedias eróticas italianas en los años setenta y de algunos *gialli* al principio de su carrera como *5 muñecas para la luna de agosto* (*5 bambole per la luna d'agosto*, 1970) de Mario Bava o *Todos los colores de la oscuridad* (*Tutti i colori del buio*, 1971) de Sergio Martino. Fenech había aparecido poco antes en *Hostel 2* (2007), de Eli Roth, producida por Tarantino.

Por último, los falsos nombres que improvisa Bridget von Hammersmark para Aldo Raine y Donny Donowitz son Antonio Margheriti y Enzo Gorlami. El primero pertenece, en realidad, a un prolífico director de films de género, desde el western al terror pasando por el *giallo*, y el segundo se refiere al verdadero nombre de Enzo G. Castellari en que la G es de Girolami.

El coronel Hans Landa apunta a Shosanna a distancia tras aniquilar a su familia en la primera secuencia de Malditos bastardos, *una reinterpretación de la escena inicial de* El bueno, el feo y el malo *de Sergio Leone en la que se presentaba al villano Sentenza (Lee van Cleef).*

KILL HITLER

La dosis de cinefilia de la película se extiende a su propio contenido en el que el cine supera a la historia. Así, Tarantino en una de las ideas más sorprendentes del film conculca el devenir de esta y acaba con la vida de Hitler en el atentado en un pequeño cine francés. Este magnicidio inventado ya lo había apuntado Jerry Lewis en *¿Dónde está el frente?* (*Which Way To the Front?*, 1970), su versión cómica del intento de asesinato contra Hitler en 1944. Si Lewis dejaba en ruinas el cuartel en el que había explotado la bomba con el dictador dentro y no se sabía nada más, Tarantino se asegura de que el espectador vea el rostro de Hitler deformado por el impacto de las balas cuando le disparan los hombres de Raine.

Nacido en Barcelona, Daniel Brühl saltó a la fama tras su papel en la alemana Good Bye, Lenin! *(2003) de Wolfgang Becker y la recreación de la figura de Puig Antich en el film* Salvador *(2006) de Manuel Huerga.*

77

DJANGO DESENCADENADO
(*Django Unchained*, 2012)

Asociados como rastreadores de forajidos, Django y Schultz atraviesan un paisaje nevado que remite a El gran silencio *de Sergio Corbucci, spaghetti western protagonizado por cazarrecompensas.*

Prod.: Reginald Hudlin, Pilar Savone y Stacey Sher. The Weinstein Company y Columbia Pictures.

Prod. Ejec.: Shannon McIntosh, Michael Shamberg, James W. Skotchdopole, Bob Weinstein y Harvey Weinstein

G.: QUENTIN TARANTINO

Fot.: Robert Richardson, en color

Dir. Art.: J. Michael Riva

Mont.: Fred Raskin

Vest.: Sharen Davis

Piezas musicales: *Django*, de Luis Enrique Bacalov e interpretada por Rocky Roberts (de *Django* (1965) de Sergio Corbucci); *The Braying Mule y Sister Sara's Theme*, de Ennio Morricone (de *Dos mulas y una mujer* (*Two Mules for Sister Sara*, 1970) de Don Siegel); *Rito finale*, de Ennio Morricone (de *Ciudad violenta* (*Città violenta*, 1970) de Sergio Sollima); *Main Title Theme Song*, de Luis Bacalov e interpretada por Luis Bacalov y Edda Dell'Orso (de *Lo chiamavano King* (1971) de Giancarlo Romitelli y Renato Savino); *Freedom*, de Elayna Boynton, Kelvin Wooten y Anthony Hamilton e interpretada por Elayna Boynton y Anthony Hamilton; *Norme con ironie*, de Ennio Morricone (de *Ciudad violenta / Città violenta* (1970) de Sergio Sollima); *Town of Silence*, *La corsa y Blue Dark Waltz*, de Luis Enrique Bacalov (de *Django* (1965) de Sergio Corbucci); *Gavotte*, arreglada e interpretada por Grace Collins; *Requiem*, de Verdi, interpretado por la Orquesta Sinfónica de Varsovia (de *Battle Royale* (*Batoru rowaiaru*, 2000) de Kinji Fukasaku; *I giorni dell'ira*, de Riz Ortolani (de *El día de la ira* (1967) de Tonino Valerii); *I Got a Name*, de Charles Fox y Norman Gimble e interpretada por Jim Croce (de *El último héroe americano / The Last American Hero* (1973) de Lamont Johnson); *The Big Risk*, de Ennio Morricone (de *Nido de avispas* (*Hornet's Nest*, 1970) de Phil Karlson); *Minacciosamente lontano*, *Un monumento y Dopo la congiura*, de Ennio Morricone (de *Los despiadados* (*I crudeli*, 1966) de Sergio Corbucci); *100 Black Coffins*, de Jamie Foxx y Rick Ross e interpretada por Jamie Foxx; *Nicaragua*, de Jerry Goldsmith e interpretada por Jerry Goldsmith y Path Metheny (de *Bajo el fuego*

(*Under the Fire*, 1983) de Roger Spottiswoode); *Tracker's Chant*, inspirada por QUENTIN TARANTINO, compuesta e interpretada por Ted Neeley; *Ancora qui*, de Ennio Morricone y Elisa Toffoli e interpretada por Elissa Tofoli; *Für Elise*, de Beethoven; *Unchained* [formada por *The Payback*, de James Brown, Fred Wesley y John Starks e interpretada por James Brown (de *Guerra en Harlem* (*Hell Up in Harlem*, 1973) de Larry Cohen) y *Untouchable*, de Kaseem Dean, Yafeu Fula, Anthony Henderson, Tupac Shakur y BruceWashington e interpretada por 2Pac (Tupac Skhakur)]; *Freedom*, compuesta e interpretada por Richie Havens; *Ain't No Grave*, tradicional interpretado por Johnny Cash; *Who did that to You?*, de John Stephens y Paul Epsworth e interpretada por John Stephens (John Legend) con sample de *The Right to Love You*, de The Mighty Hannibal; *Too Old to Die Young*, compuesta e interpretada por Dege

Legg (Brother Legg); *Trinity* (Titoli), de Franco Micalizzi y L. Slott e interpretada por Annibale e i cantori moderni (de *Le llamaban Trinidad* (*Lo chiamavano Trinità*, 1970) de Enzo Barboni); *Ode To Django, the D is Silent*, con letras de RZA inspiradas por QUENTIN TARANTINO e incluye diálogos de *Django*, *Django desencadenado* y *El precio de un hombre* (1966) de Eugenio Martín.

Int.: Jamie Foxx (Django), Christoph Waltz (Dr. King Schultz), Leonardo DiCaprio (Calvin Candie), Kerry Washington (Broomhilda von Shaft), Samuel L. Jackson (Stephen), Walton Googins (Billy Crash), Don Johnson (Spencer Gordon Big Daddy Bennet), James Remar (Ace Speck), James Russo (Dick Speck), Bruce Dern (Curtis Carrican), Franco Nero (Esclavista italiano), Don Stroud (Sheriff Bill Sharp), Tom Wopat (Marshall Gill Tatum), Russ Tamblyn (Hijo de un pistolero), Amber Tamblyn (Hija de un hijo de un pistolero), M. C. Gainey (Big John Brittle), Cooper Huckabee (Lil Raj Brittle), Doc Duhame (Ellis Brittle), Jonah Hill (Encapuchado 2), Lee Horsley (Sheriff Gus); Michael Parks, John Harratt y QUENTIN TARANTINO (Empleados de Minería LeQuint Dickey); Zoë Bell, Michael Bowen, Robert Carradine, Jake Garber, Ted Neeley, James Parks y Tom Savini (Rastreadores).

Duración: 165 minutos

Estreno en EE. UU.: 25 diciembre 2012

Estreno en España: 18 enero 2013

Jamie Foxx fue elegido por Tarantino para encarnar a Django después de que Will Smith, la primera opción, rechazara la propuesta.

La primera sorpresa de la película es el protagonismo de un actor negro en un género, el western, habitualmente interpretado por héroes americanos blancos.

Sinopsis: Poco antes de la guerra de Secesión, el esclavo Django es liberado por un cazarrecompensas alemán, el Doctor King Schultz, que va en busca de criminales a los que Django puede identificar. A petición del germano, ambos trabajarán juntos para capturar a esos y otros forajidos. A cambio, Schultz lo ayudará a rescatar a su esposa Broomhilda, esclava en la plantación del sádico Calvin Candie.

MI NOMBRE ES DJANGO

Después de los excelentes números cosechados por *Malditos bastardos* -120 millones de dólares en Estados Unidos, 200 en todo el mundo- para su siguiente película se fijó en los dos géneros que más han influido en su carrera: la *blaxploitation* y el *spaghetti western*. Así, la primera sorpresa es el protagonismo de un actor negro en un género, el western, poblado habitualmente por héroes americanos pálidos como Gary Cooper, James Stewart, Robert Mitchum o John Wayne. Situación que se alteró, sobre todo, a finales de los sesenta con la inclusión en repartos corales de actores como Woody Strode en *El sargento negro* (*Sergeant Rutledge*, 1960) de John Ford, Ossie Davis en *Camino de la venganza* (*The Scalphunters*, 1968) de Sydney Pollack, Yaphet Kotto en *El póker de la muerte* (*5 Card Stud*, 1968) de Henry Hathaway, Cleavon Little en la parodia *Sillas de montar calientes* (*Blazing Saddles*, 1974) de Mel Brooks, Jim Brown en *Río Conchos* (íd, 1964) de Gordon Douglas y *Los 100 rifles* (*100 Rifles*, 1969) de Tom Gries o Sidney Poitier en *Duelo en Diablo* (*Duel at Diablo*, 1966) de Ralph Nelson; el propio Poitier dirigiría la *blaxploitation Buck y el farsante* (*Buck and the Preacher*, 1972), que coprotagonizaba junto a Harry Belafonte. Tarantino revierte en *Django desencadenado* la lógica utilizada en algunas de esas películas en las que el actor negro acompañaba al intérprete principal blanco. Aquí, en cambio, Django irá secundado por un cazarrecompensas alemán.

81

SHAFT EN EL OESTE

El protagonismo de un hombre negro en tiempos del oeste le permitía hablar del gran pecado americano, la esclavitud. En declaraciones recogidas por Tom Shone, el director comentaba: «En los últimos cuarenta años no se han rodado muchas obras sobre la esclavitud para el cine y, por lo general, las que se han hecho han sido para la televisión, la mayoría de los cuales son filmes históricos, donde historia se escribe con hache mayúscula. Es algo que termina por hacerse embrutecedor, ya que al final lo que se ve es una constante victimización». Así, la mirada de Tarantino, filtrada a través de la violencia del *spaghetti western* y el prisma político de la *blaxploitation*, permite al protagonista vengarse.

Para rubricar la relación del film con la *blaxploitation*, el cineasta llamó a la esposa de Django Broomhilda von Shaft y le otorgó conocimientos de alemán. De esta manera Broomhilda y su marido Django son antepasados del célebre policía John Shaft que encarnó

el actor Richard Roundtree en la trilogía iniciada en *Las noches rojas de Harlem* (*Shaft*, 1971) de Gordon Parks.

DJANGO INFLUENCED

La conexión germana a través de Broomhilda habilita al director para que King Schultz evidencie cierto paralelismo con el mito de Sigfrido: el héroe que mata un dragón y cruza un círculo de fuego para alcanzar a su amada Brunilda. Lo que Schultz cuenta a Django es un resumen simplificado del argumento de la ópera *Sigfrido* de Richard Wagner, la tercera de la tetralogía *El anillo de los Nibelungos* (1848-1874), adaptación de la leyenda de origen alemán y nórdico, que concluía con la pareja declarándose el amor. En la cuarta, *El ocaso de los dioses*, Sigfrido muere tras una serie de engaños y Brunilda se suicida.

Pero la influencia foránea más evidente es la del *western all'italiana*. Su título alude, en parte, a uno de los clásicos del subgénero *Django* (1965), de Sergio Corbucci y protagonizada

Leonardo DiCaprio encarna al esclavista Calvin Candie. El actor de Titanic *y* Gangs of New York *expresó sus dudas por las reiteradas expresiones racistas de su personaje, pero Tarantino lo convenció.*

por Franco Nero, actor que tiene un cameo en la película de Tarantino como esclavista. De hecho, la indicación que le dio el cineasta americano a Robert Richardson, director de fotografía del film, fue: «Cuando rodamos en exteriores, priman Corbucci y Leone; en interiores, sobre todo, en la mansión de Candie, hay que hacerlo a lo Max Ophüls». Por otra parte, el nombre del *saloon* del film se debe a otro *spaghetti* de Corbucci, *Minnesota Clay* (1964).

En cambio, la cita más sorprendente es la de Leónide Moguy, nombre que Tarantino da al abogado de Calvin Candie, interpretado por Dennis Christopher. Léonide Moguy fue un técnico cinematográfico ruso que en los años treinta emigró a Europa y desarrolló su carrera como director en Francia e Italia, mayoritariamente de dramas. En los años cuarenta tuvo un breve periodo hollywoodiense en el que realizó el drama bélico *Paris After Dark* (1943), la exótica *Aventura en Arabia* (*Action in Arabia*, 1944) y el drama criminal *Whistle Stop* (1946).

OUTLET FÍLMICO

En el film Tarantino también establece relación con otras películas a través de la indumentaria de los personajes. Así, el sombrero de Django es el de Michael Landon en la serie *Bonanza*, las gafas de sol son las de Charles Bronson en *El desafío del búfalo blanco* (*The White Buffalo*, 1977) de J. Lee Thompson, el traje final de Broomhilda está inspirado en el de Ida Galli / Evelyn Stewart en *Un dólar agujereado*, el abrigo de Candie similar al de Rhett Butler de *Lo que el viento se llevó* (*Gone with the Wind*, 1939) de Victor Fleming y el de Schultz al del Kojak de Telly Savallas.

Por otra parte, la celda de castigo en la que los secuaces de Candie encierran a Broomhilda desnuda se llama *The Hot Box*, título exacto de una cinta *exploitation*, dirigida en 1972 por Joe Viola y producida y coguionizada por Jonathan Demme, acerca de cuatro enfermeras americanas secuestradas por una guerrilla latinoamericana que las encierran en una jaula. Sin embargo, el habitáculo es una adaptación horizontal del que aparece en *Black Mama, White Mama* (1973) de Eddie Romero, un monolito metálico vertical en el que encierran a las dos protagonistas semidesnudas, una de ellas Pam Grier.

MÁS ALLÁ DE DJANGO

Jamie Foxx haría un breve cameo como Django en el western cómico *Mil maneras de morder el polvo* (*A Million Ways to Die in the West*, 2014) de Seth MacFarlane en el que mata a un feriante encargado de una atracción racista sobre esclavos huidos.

Por otra parte, el propio Tarantino anunció a finales de 2012 una adaptación en cómic del guion original del film, incluyendo fragmentos eliminados en la película. Durante 2013 aparecieron siete entregas de *Django desencadenado* por DC Comics a través de su sello Vertigo y en 2014 se editaron juntas como novela gráfica. La adaptación la hizo el productor de la película y autor de cómics Reginald Hudlin y la labor artística la realizaron R. M. Guéra, Denys Cowan, Danijel Žeželj y Jason Latour. Guéra, pseudónimo del autor serbio Rajko Milošević, ya había realizado una adaptación de una escena de *Malditos bastardos* acerca

En la página anterior, arriba, Schultz dispara a Bill Sharp, encarnado por Don Stroud, protagonista en los setenta de la motorizada Angel Unchained. *Abajo, Franco Nero, protagonista del* Django *original que realiza aquí un pequeño y elegante cameo.*

del origen de Donny Donowitz, no incluida en la película, para *Playboy*. Tarantino había escogido personalmente a Guéra porque le había gustado *Scalped*, serie de cómics sobre una reserva india realizada junto al guionista Jason Aaron. Aaron, por su parte, a partir de 2014, publicaría la serie de título tarantinesco *Southern Bastards*.

LOS ODIOSOS OCHO
(*The Hateful Eight*, 2015)

Para su octavo film, ambientado años después de la guerra de Secesión, Tarantino recurrió al formato espectacular Ultra Panavision 70. Esta versión, con seis minutos más de metraje, pudo ser proyectada por las pocas salas en el mundo que estaban capacitadas para ello. Solo un centenar en Estados Unidos. En España, un único cine, el Phenomena de Barcelona.

Prod.: Richard N. Gladstein, Shannon McIntosh y Stacey Sher.

Prod. Ejec.: Bob Weinstein, Harvey Weinstein y Georgia Kacandes

G.: QUENTIN TARANTINO

Fot.: Robert Richardson, en color

Dir. Art.: Yohei Taneda

Mús.: Ennio Morricone

Mont.: Fred Raskin

Vest.: Courtney Hoffman

Piezas musicales: *Regan's Theme (Floating Sound)*, de Ennio Morricone de *El exorcista II: El hereje (The Exorcist II: The Heretic*, 1977) de John Boorman); *Apple Blossom*, de Jack White e interpretada por The White Stripes; *Eternity, Bestiality y Despair*, de Ennio Morricone (de *La cosa (The Thing*, 1982) de John Carpenter); *Silent Night*, interpretada por Demian Bichir; *Jim Jones at Botany Bay*, interpretada por Jennifer Jason Leigh; *Now You're All Alone*, compuesta e interpretada por David Hess; *There Won't Be Many Coming Home*, de Roy Orbison y William Dees e interpretada por Roy Orbison.

Int.: Samuel L. Jackson (Mayor Marquis Warren), Kurt Russell (John Ruth), Jennifer Jason Leigh (Daisy Domergue), Walton Googins (Sheriff Chris Mannix), Tim Roth (Oswaldo Mobray), Michael Madsen (Joe Gage), Bruce Dern (General Sandy Smithers), Demián Bichir (Bob), James Parks (O.B.), Channing Tatum (Jody), Dana Gourrier (Minnie Mink), Zoë Bell (Judy), Lee Horsley (Ed), Gene Jones (Sweet Dave), Keith Jefferson (Charly), Craig Stark (Chester Charles Smithers), Belinda Owino (Gemma), QUENTIN TARANTINO (Narrador).

Duración: 187 minutos

Estreno en EE. UU.: 25 diciembre 2015

Estreno en España: 15 enero 2016

Sinopsis: En su camino hacia Red Rock para entregar a la asesina Daisy Domergue, el cazarrecompensas John Ruth ha de recalar en una posada, la Mercería de Minnie, para pasar el temporal de nieve que asola la zona. Durante todo el periplo, vienen al encuentro de Ruth varios hombres de cuya identidad recela el también buscador de forajidos Marquis Warren, el nuevo sheriff de Red Rock Chris Mannix, el verdugo británico Oswaldo Mobray, el veterano general confederado Sandy Smithers, el solitario Joe Gage y Bob, el nuevo empleado mexicano de Minnie. Ruth sospecha que alguno de ellos pueda ser un compinche de Domergue que quiera liberarla.

El observador Marquis
Warren (Samuel
L. Jackson) se convierte
en el inesperado
protagonista del film pese
a que la cinta se inicia con
el cazarrecompensas John
Ruth (Kurt Russell).

Walton Goggins encarna
al sheriff Mannix, otro
personaje que adquiere
mayor entidad a medida
que avanza la película.

POR LOS PELOS

Después del éxito conseguido por *Django desencadenado*, el mayor de su carrera -163 millones de dólares en Estado Unidos, 263 en todo el mundo- el cineasta continuaría por la senda del western si bien *Los odiosos ocho* estuvo a punto de no realizarse tras la filtración del guion en internet. Tarantino anunció que se cancelaba el proyecto, pero cuatro meses después hizo una lectura pública del guion con la mayoría de actores, como Samuel L. Jackson, Kurt Russell Bruce Dern o Walton Googins; en cambio fue Amber Tamblyn y no Jennifer Jason Leigh quien leería el personaje de Daisy Domergue, apellido en alusión a la actriz Faith Domergue, habitual de westerns de serie B como *Duelo en Silver Creek* (*The Duel at Silver Creek*, 1952) de Don Siegel o *La carga de los indios Sioux* (*The Great Sioux Uprising*, 1953) de Lloyd Bacon. El resultado de la iniciativa y la reacción positiva de los asistentes le hicieron cambiar de idea y el proyecto revivió aunque con algún cambio en el final.

NO SOLO CINE

La rica cultura popular de Tarantino, más allá de lo meramente cinematográfico, se halla en el origen de *Los odiosos ocho*, cuya trama une el *whodunit* de Agatha Christie -concretamente *Diez negritos* (*Ten Little Indians*)- con las sagas televisivas del oeste como *Bonanza* o *El virginiano* (*The Virginian*): «En esas series, unas dos veces por temporada había un episodio en el que un grupo de forajidos tomaba como rehenes a los protagonistas: iban a la Ponderosa -el rancho de *Bonanza*- a retenerlos a todos o a la casa del juez Garth, interpretado por Lee J.

Michael Madsen se ha convertido en un actor fetiche de las películas de Tarantino desde los inicios de la carrera del cineasta.

El título de la película es una clara referencia irónica al clásico del género Los siete magníficos. *En el fotograma superior, Yul Brynner; en el inferior, Charles Bronson.*

Tarantino contó, para el personaje misterioso de Bob, con Demián Bichir, actor mexicano que había sido nominado al Oscar por A Better Life *(2011) de Chris Weitz.*

Cobb en *El virginiano*. Este tipo de trama no me gusta en un contexto moderno, pero sí en un western donde pasabas la mitad del show intentando descubrir si eran buenos o malos o si tenían un pasado por revelar. Así que pensé en rodar un film con solo esos personajes, sin ningún héroe a lo Michael Landon en *Bonanza*. Solo un puñado de tipos nefastos dentro de una habitación, contándose historias que pueden ser ciertas o no. Había que meter a esos tipos en una habitación mientras fuera hacía ventisca, darles armas y ver qué pasaba», cuenta el cineasta.

DE TOTH, MAESTRO EN LA SOMBRA

La deuda televisiva del origen del proyecto se plasma a través del nombre del personaje de Samuel L. Jackson, mayor Marquis Warren, homenaje a Charles Marquis Warren, prolífico director de westerns de serie B que también fue creador de series como *Gunsmoke*, *Rawhide* o *El virginiano*. Marquis Warren además fue guionista de un film clásico del género, *El honor del capitán Lex* (*Springfield Rifle*, 1952), de André De Toth, ambientado en la Guerra Civil Americana, contexto histórico que une a los personajes que pueblan la Mercería de Minnie.

Por otra parte, el título es una clara referencia irónica al clásico del género *Los siete magníficos* (*The Magnificent Seven*, 1960) de John Sturges. Sin embargo, es otra cinta del citado De Toth la que parece haber ejercido mayor influencia: *El día de los forajidos* (*Day of the Outlaw*, 1959), en la que siete forajidos llegan a un pequeño pueblo ya atemorizado por los arrebatos violentos de un cowboy interpretado por Robert Ryan. En total, ocho. Además, el enclave aislado, el paisaje nevado, la acción en interiores -uno de ellos, una mercería parecida a la de Minnie- y una parte final en la que van pereciendo paulatinamente los villanos -ya en exteriores- hacen de la cinta de De Toth un claro referente. Otro fue el western nevado *El gran silencio* (*Il grande silenzio*, 1968) de Sergio Corbucci.

UN OSCAR PARA MORRICONE

Después de haber utilizado fragmentos suyos para otras películas en el díptico *Kill Bill*, *Death Proof*, *Malditos bastardos* y *Django desencadenado* e incluso una canción expresamente compuesta para esta última -«Ancora qui», interpretada por Elisa Toffoli-, Tarantino pudo

El verdugo Oswaldo Mobray, encarnado por Tim Roth, se asemeja, por actitud, a los personajes interpretados por Christoph Waltz en las dos cintas anteriores del cineasta.

contar con una banda sonora original de Ennio Morricone. Además, incluyó fragmentos de otras bandas sonoras del maestro italiano: *La cosa y El exorcista II*. En el CD de *Los odiosos ocho*, el director escribía: «Querido oyente, lo que tienes en tus manos es un verdadero acto de amor. Y para mí, el resultado final de un sueño hecho realidad. Que el gran Maestro de las bandas sonoras y mi compositor favorito de todos los tiempos componga e interprete una banda sonora original para mí película. Pero a su manera lo que es tan importante y significativo y jodidamente molón es que mi película tiene una banda sonora de *spaghetti western* de Ennio Morricone».

La guinda fue el Oscar que Morricone obtuvo por la música del film. Era su sexta candidatura y no lo había ganado nunca, exceptuando un Oscar honorífico nueve años antes. La mayor decepción fue cuando, siendo favorito por *La misión* (*The Mission*, 1986) de Roland Joffé, el ganador fue Herbie Hancock por *Alrededor de la medianoche* (*'Round Midnight*, 1986) de Bertrand Tavernier. Morricone recibió también el Bafta del cine británico y el Globo de Oro. En el apasionado discurso que Tarantino realizó cuando recogió este último galardón en nombre de Morricone, y situó al compositor por encima de Mozart, Beethoven y Schubert, dijo que era la primera vez que el italiano ganaba un premio competitivo en Estados Unidos. Dato erróneo porque ya había obtenido dos Globos de Oro por *La misión* y por *La leyenda del pianista en el océano* (*La leggenda del pianista sull'oceano*, 1998) de Giuseppe Tornatore.

En el número de diciembre de 2018 de la edición alemana de *Playboy* apareció una polémica entrevista en la que supuestamente Morricone menospreciaba a Tarantino como ci-

neasta y criticaba la ceremonia de los Oscar. Rápidamente, el compositor, ya nonagenario, negaba haber concedido esa entrevista, alababa a Tarantino y consideraba el Oscar como uno de los mayores reconocimientos de su carrera. Pocos días después la revista admitía que la pieza no se ajustaba a la realidad, se disculpaba ante Morricone y los lectores por «esa farsa de entrevista» y culpaba al autor de la pieza, Marcel Anders, de entre otras cosas utilizar declaraciones de otras entrevistas anteriores en publicaciones ajenas. De hecho, en marzo de 2013, después de su colaboración en *Django desencadenado,* Morricone sí había criticado a Tarantino en la Universidad LUISS de Roma por su «falta de coherencia» a la hora de poner la música y aseguraba que no volvería a trabajar con él.

El nombre del mayor Marquis Warren, interpretado por Samuel L. Jackson, es un claro homenaje a Charles Marquis Warren, prolífico director de westerns de serie B.

UN CÓMIC ANTES DEL ESTRENO

Semanas antes del estreno de la película apareció como material de promoción un cómic de ocho páginas, escrito por Tarantino y con dibujos de Zach Meyer, que plasmaba en papel las primeras escenas de la película, el encuentro entre Marquis Warren, John Ruth y Daisy Domergue.

Coincidiendo a principios de diciembre de 2015 con las presentaciones de la película en diversas ciudades, americanas y europeas, se estrenaba el 7 de diciembre en la plataforma Netflix *The Ridiculous 6* (2015) de Frank Coraci, con Adam Sandler, comedia sin relación argumental con el film de Tarantino, pero cuyo título y la presencia de actores como Harvey Keitel, Steve Buscemi y Danny Trejo evocaban el mundo de Tarantino. En septiembre del año siguiente, se estrenaba el *remake* de *Los siete magníficos* dirigido por Antoine Fuqua, con Denzel Washington, Chris Pratt y Ethan Hawke.

ONCE UPON A TIME IN HOLLYWOOD
(2019)

Prod.: David Heyman, Shannon McIntosh y QUENTIN TARANTINO. Sony Pictures.

Prod. Ejec.: Georgia Kacandes

G.: QUENTIN TARANTINO

Fot.: Robert Richardson, en color

Dir. Art.: Barbara Ling y Nancy Haigh

Vest.: Arianne Phillips

Int.: Brad Pitt (Cliff Booth), Leonardo DiCaprio (Rick Dalton), Margot Robbie (Sharon Tate), Al Pacino (Marvin Schwarzs), Dakota Fanning (Squeaky Fromme), Bruce Dern (George Spahn), Damon Herriman (Charles Manson), Luke Perry (Scott Lancer), Emile Hirsch (Jay Sebring), Lena Dunham (Gypsy), Rafal Zawierucka (Roman Polanski), Monica Staggs (Connie), Damian Lewis (Steve McQueen), Nicholas Hammond (Sam Wanamaker), Dreama Walker (Connie Stevens), Rumer Willis (Joanna Pettet), Scoot McNairy (Bob Gilbert), Lorena Izzo (Francesca Capucci), Clifton Collins Jr (Ernesto), Omar Doom (Donnie), Maya Hawke, Timoyhy Olyphant, Kurt Russell, Tim Roth, Michael Madsen, James Marsden, James Remar, Zoë Bell, Clu Gulager, Brenda Vaccaro, Harley Quinn Smith, Danny Strong, Ramón Franco.

Estreno en EE. UU.: 26 julio 2019

Brad Pitt y Leonardo DiCaprio protagonizan este film de Tarantino que se enmarca durante el asesinato de Sharon Tate (Margot Robbie) por miembros de la secta Manson.

Sinopsis: Crónica de las vivencias de un actor de televisión y su doble de acción en el Hollywood de 1969, año de una de las tragedias más célebres de Los Ángeles, el asesinato de la actriz Sharon Tate, esposa del director Roman Polanski, por parte de la secta liderada por Charles Manson.

OBSESIONADO CON LA TRAGEDIA

Ya cuando el cineasta trabajaba en Video Archives y organizaban ciclos temáticos, dio muestras Tarantino de su interés por la muerte de Sharon Tate (1943-1969), embarazada de ocho meses de su esposo, el director Roman Polanski, cuando diversos miembros de la familia Manson asaltaron su casa el 9 de agosto de 1969. Uno de los ciclos más polémicos fue la semana que dedicó a la tragedia a causa del aniversario de la muerte de la actriz. Se habían seleccionado el telefilm de Tom Gries *Manson, retrato de un asesino* (*Helter Skelter*, 1976) y algunas de las cintas de Tate, vista en *El valle de las muñecas* (*Valley of the*

Dolls, 1967) de Mark Robson o *El baile de los vampiros* (*The Fearless Vampire Killers*, 1967) de Polanski. Por otra parte, en su guion de *Asesinos natos* (*Natural Born Killers*, 1994), de Oliver Stone, Manson era mencionado como asesino no superado por el protagonista, ante la resignación de este.

Además, la primera intención del director fue estrenar *Once Upon a Time in Hollywood* en Estados Unidos coincidiendo con el 50º aniversario del hecho luctuoso, el 9 de agosto de 2019, pero en verano de 2018 Sony Pictures anunció que se adelantaba el estreno dos semanas, el 26 de julio de 2019.

En la página anterior, imagen de Al Pacino, que en el film encarna al agente de Leonardo DiCaprio.

SIN WEINSTEIN

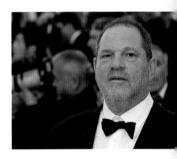

Once Upon a Time in Hollywood, cuyo título remite a dos films de Sergio Leone como si formara una trilogía con ellos -*Hasta que llegó su hora / Once Upon a Time in the West / C'era una volta il West* (1969) y *Érase una vez en América / Once Upon a Time in America* (1984)- es la primera película de Tarantino en la que no participa de ninguna manera el productor Harvey Weinstein. Desde que se encargara en *Reservoir Dogs* de la distribución del film junto a su hermano Bob, a través de su compañía Miramax, nunca había faltado el mandamás a su cita con el director. Los hermanos Weinstein fueron rápidos cuando el productor Mike Medavoy, de TriStar, rechazó producir *Pulp Fiction* y se hicieron con el proyecto. Desde entonces el cineasta ha sido el emblema primero de Miramax y después de The Weinstein Company, la compañía que fundaron cuando vendieron la primera.

En octubre de 2017 se desató un escándalo cuando *The New York Times* y *The New Yorker* acusaron en sendos reportajes a Harvey Weinstein de acoso a decenas de mujeres, mayorita-

Harvey Weinstein, productor de Tarantino en films anteriores, recientemente acusado de acoso y violación por parte de diversas actrices.

riamente actrices como Asia Argento, Annabella Sciorra, Mira Sorvino o Rose McGowan, y en algún caso de violación. Ese mismo mes, Tarantino confesó estar al corriente de algunos de los casos denunciados como el de Sorvino, que fue pareja suya entre 1996 y 1998, y lamentó haber seguido trabajando con él.

El productor cayó en desgracia en la industria, fue expulsado de la Academia de Artes y Ciencias Cinematográficas de Hollywood, abandonó la productora y The Weinstein Company fue vendida al grupo Lantern Capital después de haberse declarado en bancarrota en marzo. Además, fue objeto de varias investigaciones policiales y la vista previa al juicio fue fijada para marzo de 2019. El nuevo proyecto de Tarantino recaló en Sony Pictures y los productores acreditados son David Heyman, acreditado en *Gravity* (íd, 2013) de Alfonso Cuarón, el propio Tarantino y Shannon McIntosh, ya relacionada con cintas anteriores del cineasta.

BURT REYNOLDS, CÍRCULO ABIERTO

El film supone la segunda colaboración del cineasta con Brad Pitt y Leonardo DiCaprio y la primera con Al Pacino. Entre los otros actores anunciados del largo reparto del film se encontraba Burt Reynolds en el papel de George Spahn, el propietario del rancho en el que vivían Manson y sus adeptos. El actor tenía que empezar a rodar su parte a finales de septiembre de 2018. Sin embargo, falleció poco antes, el 8 de ese mes. La muerte inesperada de Reynolds a los 82 años a causa de un ataque al corazón frustró el cierre de un círculo que se había iniciado con el propio nacimiento del cineasta. Su madre Connie, una chica de 16 años, le puso Quentin a su vástago por el personaje de Burt Reynolds en la serie *Gunsmoke*, Quint, que ella creía diminutivo de Quentin. Reynolds era uno

Burt Reynolds debía tener un papel en la película, pero murió antes de ponerse a rodar.

de los actores favoritos de Connie. Aficionada al cine llevaría a su hijo a las salas sin tener en cuenta el contenido de las películas. Así, a pronta edad, Tarantino vio *Deliverance* (íd, 1972) de John Boorman protagonizada por Reynolds y que incluía un escena de violación homosexual, que tomaría como referencia para la de *Pulp Fiction*.

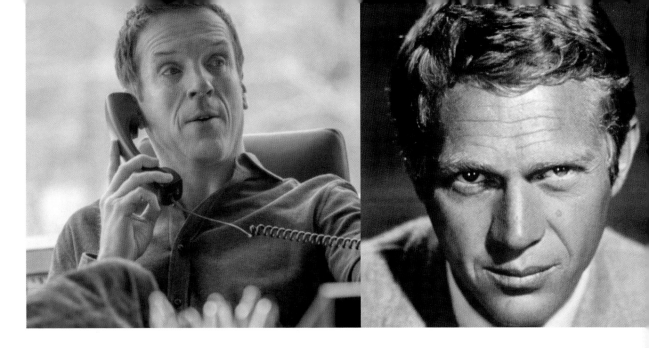

Reynolds formaba parte del imaginario del joven Quentin y su nombre aparecería a lo largo de la carrera del cineasta. Así, Tarantino escribió, en su adolescencia, su primer guion, *Captain Peachfuzz and the Anchovy Bandit* (*Capitán Pelusa de melocotón y el Bandido Anchoa*), inspirado en *Los caraduras* (*Smokey and the Bandit*, 1977) de Hal Needham, película protagonizada también por Reynolds. En su guion *Amor a quemarropa*, Alabama, la protagonista encarnada por Patricia Arquette, confesaba sin dudar que su actor favorito era Reynolds. En la primera parte de *Death Proof*, varios personajes se refieren a Stuntman Mike con alusiones a Burt Reynolds, llamándole *Stuntman* Burt, *Cannonball Run* -título original de *Los locos del Cannonball* (1981) de Hal Needham, protagonizada por el actor-, o *Hooper*, otro film en el que Reynolds encarnaba a un doble de acción.

En cuanto a bandas sonoras, el director utilizó en *Jackie Brown* el tema *Street Life*, la canción de los créditos iniciales de *La brigada de Sharky* (*Sharky's Machine*, 1981) dirigida e interpretada por Reynolds. En *Malditos bastardos* y el díptico *Kill Bill* se usaron las bandas sonoras originales de films protagonizados por el actor, *Joe, el implacable* y *Los traficantes*. Precisamente en *Kill Bill 2* aparece el nombre del actor en los créditos finales en el apartado de agradecimientos al ser uno de los actores en los que se pensó si David Carradine hubiera rechazado la propuesta de encarnar a Bill. La única vez que compartieron crédito Reynolds y Tarantino sería en el episodio «Master & Disaster / All in the Crime Family» (2005) de la serie de animación *Duck Dodgers* en el que ambos ponían su voz a alguno de los personajes.

Semanas después del deceso de Reynolds, se anunció que Bruce Dern, con el que Tarantino ya había trabajado en sus dos filmes precedentes, era el actor elegido para reemplazarle.

REPARTO ESTELAR

El nombre de Reynolds saltaba a la vista como el intérprete que Tarantino recuperaba en esta ocasión como antes había hecho con John Travolta, David Carradine o Pam Grier. En este caso, sin embargo, no era el único. Entre los veteranos, más allá de la presencia estelar de Al Pacino, había actores como Clu Gulager (1928) o Brenda Vaccaro (1939).

Gulager, forjado en la televisión con series del oeste como *El hombre alto* (1960-1962) en la que interpretaba a Billy el Niño, *Caravana* (1959-1964) o *El virginiano* (1963-1968),

Damian Lewis (izda.), conocido por el papel protagonista de la serie Hermanos de sangre encarna a la estrella Steve McQueen (dcha.).

debutó en el cine en 1964 en *Código del hampa* (*The Killers*, 1964) de Don Siegel como asesino frío y elegante, su papel más destacado en una carrera prolífica en el medio televisivo.

Vaccaro, por su parte, fue la protagonista de *Fin de semana sangriento* (*Death Weekend*, 1976) de William Fruet. Ganó el premio a la mejor actriz en el Festival de Sitges por su papel de una mujer que se venga del grupo de hombres, liderados por Don Stroud, que la retienen y violan en una casa campestre aislada. Con experiencia en teatro y televisión durante los sesenta, Vaccaro debutó en cine en 1969 en *Cowboy de medianoche* (*Midnight Cowboy*) de John Schlesinger. Sin embargo, ese mismo año vio cómo el papel que había interpretado años antes en Broadway en *Flor de cactus*, por el que había sido nominada al premio Tony, lo interpretaba Goldie Hawn en la adaptación cinematográfica. Hawn ganaría el Oscar. Vaccaro ganó el Emmy por el especial televisivo *The Shape of Things* (1973) y fue nominada al Oscar como secundaria por *Una vez no basta* (*Once is not Enough*, 1975) de Guy Green. A partir de los ochenta se intensificó su presencia en el medio televisivo, que ha sido constante desde entonces incluso como actriz de voz en series de animación. No obstante, su último

papel destacado lo realizó junto a Al Pacino en el telefilm *No conoces a Jack* (*You Don't Know Jack*, 2010) de Barry Levinson.

Siendo más joven, Luke Perry (1966) había sido especialmente popular entre el público femenino adolescente de los noventa gracias a la serie *Sensación de vivir* (1990-2000). En adelante, su carrera cinematográfica fue intrascendente y siguió vinculado a la televisión sin la popularidad de aquella década. Por otra parte, aparecen en el film varios actores jóvenes descendientes de figuras vinculadas con el mundo tarantiniano. Así, Rumer Willis, hija de Bruce Willis (*Pulp Fiction, Four Rooms*) y Demi Moore, encarna a la actriz Joanna Peteet y Maya Hawke, hija de Uma Thurman (*Pulp Fiction, Kill Bill*) y Ethan Hawke, también tiene un papel secundario en la cinta, así como Harley Quinn Smith, hija del director Kevin Smith, artífice de *Clerks* (íd, 1994) y cuya irrupción en el cine independiente fue paralela a la de Tarantino, con quien comparte el interés por la cultura pop y los diálogos coloquiales.

La modelo y actriz australiana Margot Robbie ya trabajó con Leonardo DiCaprio en El lobo de Wall Street *(2013) de Martin Scorsese.*

LOS CLÁSICOS

DE TARANTINO

Django
(*Django* , 1966)

Prod.: José Gutiérrez Maesso y Manolo Bolognini. Tecisa (España) y BRC Produzione Film (Italia). **Dir.:** Sergio Corbucci. **G.:** Franco Rossetti y Sergio Corbucci, Bruno Corbucci, Piero Vivarelli, José Gutiérrez Maesso y Fernando Di Leo. **Fot.:** Enzo Barboni, en color. **Mús.:** Luis Enrique Bacalov. **Canción:** Django, compuesta por Luis Enrique Bacalov e interpretada por Rocky Roberts. **Dir. Art.:** Carlo Simi. **Mont.:** Nino Baragli y Sergio Montanari. **Vest.:** Marcella de Marchis. **Int.:** Franco Nero, Loredana Nusciak [Loredana Cappelletti], José Bódalo, Eduardo Fajardo, Ángel Álvarez, Luciano Rossi, Jimmy Douglas [Gino Pernice], José Canalejas y Rafael Albaicín. 87 minutos.

Franco Nero, protagonista de Django, *uno de los mejores ejemplos de* spaghetti western.

Sinopsis: Django (Franco Nero), antiguo soldado del Norte, llega a pie y arrastrando un ataúd a un pueblo semiabandonado y enfangado en la frontera con México. Se aloja en el *saloon* regentado por Nathaniel (Ángel Álvarez) y le acompaña Maria (Loredana Nusciak), prostituta huída y a la que ha salvado la vida. Django busca venganza por la muerte de su esposa a manos del mayor Jackson (Eduardo Fajardo), líder racista de una banda enfrentada a los rebeldes mexicanos comandados por el general Hugo Rodríguez (José Bódalo). Contacta con Rodríguez para robar a Jackson.

LO LLAMABAN SPAGHETTI

"DJANGO IS ALL ABOUT EXCESS... A THOUROUGHLY AMPED-UP, OVER-THE-TOP EPIC!" – *L.A. WEEKLY*

FRANCO NERO
DJANGO
A FILM BY SERGIO CORBUCCI

Django es uno de los mejores ejemplos de *spaghetti western* o *western all'italiana*, concepto con el que se conoce el subgénero en Italia por considerar despectivo el término *spaghetti western*, ya que este arrastraba una connotación peyorativa que se ha ido diluyendo. Esta denominación culinaria surge en 1968 en la crítica internacional, sobre todo en la norteamericana al referirse a los westerns de producción italiana realizados desde principios de aquella década. Aún sirviéndose del imaginario forjado por el cine hollywoodiense, el *western all'italiana* se diferencia de él principalmente por su gran carga de violencia. Los primeros *spaghetti westerns* importantes fueron la llamada trilogía del dólar dirigida por Sergio Leone y protagonizada por un entonces desconocido Clint Eastwood: *Por un puñado de dólares* (*Per un pugno di dollari*, 1964), *La muerte tenía un precio* (*Per qualche dollaro in più*, 1965) y *El bueno, el feo y el malo* (*Il buono, il brutto, il cattivo*, 1966).

Sin embargo, tal como señala Ángel Sala, *Django* «determinó la verdadera personalidad del *spaghetti western* y estableció los estándares de violencia y sadismo que a partir de ese momento serán recogidos por otros realizadores del subgénero. *Django* definió la dimensión espacial del western italiano, situándolo en pueblos perdidos enfangados, grises, sin luz y habitados por personajes casi fantasmales, frente a la luminosidad de las localizaciones de Leone o la cotidianidad de la mayoría de los westerns norteamericanos». Posteriormente al film de Corbucci apareció una decena larga de films acerca del personaje, con otros actores y realizadores, como *Django el bastardo* (*Django il bastardo*, 1969) de Sergio Garrone con Anthony Steffen. En 1987 regresó Nero en *Django 2*, de Nello Rossati, con poco éxito.

Los spaghetti western *incorporaban una mirada especialmente violenta y excesiva al género cinematográfico americano por antonomasia.*

RESERVOIR DJANGO

La influencia del *spaghetti western* en Tarantino atraviesa toda su filmografía, desde *Reservoir Dogs* a *Los odiosos ocho*. En su primera película la escena de la amputación de la oreja evoca aquella de *Django* en la que el general Rodríguez (José Bódalo) hace lo mismo con Jonathan (Gino Pernice), espía del mayor Jackson. Incluso el modo de plasmar el corte es más gráfico, más explícito, que en *Reservoir*, ya que Tarantino aparta la cámara en el momento de la escisión. Sobre la escena en cuestión Corbucci recordaba que el día de rodaje Burt Reynolds, con el que el director rodaría *Joe, el implacable* justo después de *Django*, se quedó estupefacto y el realizador le dijo: «Esto es el *western all'italiana*, hecho de exageraciones. Pero esto que has visto es una escena que todos recordarán».

Por otro lado, en *Los odiosos ocho* resuena otra obra de Corbucci, *El gran silencio* (*Il grande silenzio*, 1968), con Jean-Louis Trintignant y Klaus Kinski. Película también de cazarrecompensas, sus impresionantes paisajes nevados le confieren entidad única en el subgénero y contiene una escena en una diligencia con tres personajes que conecta con la secuencia inicial

de *Los odiosos ocho*. Además, en ambas viaja en esas diligencias el nuevo sheriff de la ciudad, Walton Goggins en la de Tarantino, Frank Wolff en la de Corbucci.

Las referencias inequívocas en *Django desencadenado* y la utilización de bandas sonoras de *spaghetti westerns* en *Kill Bill*, *Malditos bastardos* y *Django* rubrican la impronta del subgénero en el cineasta.

OTROS CLÁSICOS

Algunas de estas músicas utilizadas por Tarantino pertenecen a otros importantes *spaghetti westerns*: *El halcón y la presa* (*La resa dei conti*, 1966) de Sergio Sollima, que presentaba al personaje de Cuchillo, encarnado por Tomás Milián, perseguido injustamente por un cazarrecompensas (Lee van Cleef); *De hombre a hombre* (*Da uomo a uomo*, 1967) de Giulio Petroni, en la que un pistolero (John Phillip Law) vio de pequeño cómo mataban a sus padres -otra influencia relativa al pasado de O-Ren Ishii de *Kill Bill*- y busca venganza al lado de Lee van Cleef; o *Un dólar agujereado* (*Un dollaro bucato*, 1965) de Giorgio Ferroni en la que un hombre (Giuliano Gemma) querrá vengarse por la muerte de su hermano.

Sin los spaghetti western *no existiría una buena parte del cine italiano. Y Hollywood no sería lo mismo.*

TARANTINO DIXIT

Tarantino se ha convertido en el defensor más conocido del subgénero. En 2007 la Mostra de Cine de Venecia le dedicó una retrospectiva al *spaghetti western* comisariada por Marco Giusti, autor ese mismo año de un completo e imprescindible *Dizionario del western all'italiana*. En la portada del libro de Giusti aparece una cita de Tarantino: «Sin los *spaghetti western* (sic) no existiría una buena parte del cine italiano. Y Hollywood no sería lo mismo». Esa retrospectiva estaba apadrinada por el director, pero una lesión le impidió en el último momento viajar al certamen. Además, en la sección oficial a concurso de esa edición concurría la japonesa *Sukiyaki Western Django* (2007) de Takashi Miike, que contaba con Tarantino como actor en un papel que evocaba a Ringo, otro personaje recurrente del universo *spaghetti western*.

Tres años antes sí pudo ir al festival para apadrinar otra retrospectiva dedicada a la serie B italiana, con especial interés por el recientemente fallecido Fernando di Leo (1932-2003), influencia declarada de *Pulp Fiction*. Marco Müller, entonces director de la Mostra, recibía críticas por acoger un ciclo de películas consideradas menores. Müller recurrió a Tarantino para demostrar la validez de la propuesta.

Coffy
(*Coffy*, 1973)

Prod.: Robert A. Papazian. American International Pictures. **Dir.:** Jack Hill. **G.:** Jack Hill. **Fot.:** Paul Lohmann. **Dir. Art.:** Perry Ferguson II y Charles Pierce. **Mús.:** Roy Ayers. **Mont.:** Charles McClelland. **Int.:** Pam Grier, Booker Bradshaw, Robert Doqui, William Elliott, Allan Arbus, Sid Haig, Barry Cahill, Lee de Broux, Linda Haynes, Lisa Farringer, Carol Lawson. 86 min.

Sinopsis: La enfermera Coffy (Pam Grier) se venga de los hombres que convirtieron a su hermana pequeña en una drogadicta. Además, la paliza recibida por su amigo Carter (William Elliott), policía que se niega a corromperse, le lleva a introducirse en el mundo de la noche para acabar con los responsables.

Pam Grier, protagonista de Coffy *y* Jackie Brown, *en los inicios de su carrera.*

BLAXPLOITATION

Coffy es uno de los títulos más representativos de *blaxploitation* protagonizados por una mujer. Se llamó *blaxploitation* a las películas, habitualmente de acción, protagonizadas por actores negros para la comunidad negra. El fenómeno duró unos cinco años y se inició con *Algodón en Harlem* (*Cotton Comes to Harlem*, 1970) de Ossie Davis, adaptación de la novela de Chester Himes. Otro título importante de los inicios fue *Sweet Sweetback's Baadasssss Song* (1971) de Melvin van Peebles, con carga política en una historia sobre un chapero que salvaba a un Black Panther. Sin embargo, el objetivo prioritario de las cintas siempre fue comercial. Las productoras se dieron cuenta, en un momento social de reivindicaciones del Black Power, de que tenían un nicho de mercado todavía por explorar. Eran cintas caracterizadas por importantes dosis de carnalidad y violencia; y el retrato que se hacía del individuo negro era muy distinto al que tradicionalmente había realizado Hollywood.

La industria había pasado de otorgar a los intérpretes negros papeles minúsculos -a veces caricaturescos, otras simplemente serviles-, a tomar conciencia del cambio social y promoverlo en los años cincuenta con la irrupción de Sidney Poitier (1927) en *Un rayo de luz* (*No Way Out*, 1950) de Joseph Leo Mankiewicz. Allí el actor encarnaba a un médico que salvaba a un criminal racista. El personaje tipo

que fue modelando Poitier en aquellos años era el negro modélico enfrentado a actitudes hostiles. En *Adivina quién viene esta noche* (*Guess Who's Coming to Dinner*, 1967) de Stanley Kramer, encarnaba a un joven médico que esperaba la aceptación del padre de su novia blanca para poder casarse con ella. Por contra, en las *blaxploitation* solucionaban sus propios asuntos sin necesitar la aprobación del hombre blanco. De hecho, una de las críticas que solía desprenderse de sus tramas era hacia aquellos negros que atentaban o engañaban a su propia comunidad.

En su posterior carrera como director, Poitier dirigiría alguna cinta del género, como el western *Buck y el farsante* (*Buck and the Preacher*, 1972). Paradójicamente, fue de este modo uno de los pocos directores negros de películas *blaxploitation* junto a Melvin van Peebles, Ossie Davis o los Parks, Gordon y Gordon Jr., director este de una de las cintas más polémicas, *Superfly* (1972), en que el protagonista era un narcotraficante. La mayoría de films estaban dirigidos por blancos como Larry Cohen, Jack Hill o Jack Starrett.

En la página anterior, Richard Roundtree encarnando al detective Shaft.

EL NUEVO HOMBRE NEGRO

La *blaxploitation* trajo su propio *star system*. Poitier fue reemplazado por modelos más rudos y agresivos, en correspondencia con los temas tratados y los ambientes recreados. Richard Roundtree (1942), uno de los más populares, encarnó al detective Shaft en la trilogía iniciada por la exitosa *Las noches rojas de Harlem* (*Shaft*, 1971) de Gordon Parks y continuada por *Shaft vuelve a Harlem* (*Shaft's Big Score!*, 1972) de Parks y *Shaft en África* (*Shaft in Africa*, 1973) de John Guillermin.

Dibujo de Ron O'Neal en Superfly.

Junto a él, antiguos deportistas encontraban una segunda carrera como actores de acción. Jim Brown (1936), exjugador de fútbol americano, ya había aparecido en westerns como *Río Conchos* (íd, 1964) de Gordon Douglas o *Los 100 rifles* (*100 Rifles*, 1969) de Tom Gries, junto a Raquel Welch, antes de encarnar a un exboina verde en el díptico formado por *Operación Masacre* (*Slaughter*, 1972) de Jack Starrett y *Masacre* (*Slaughter's Big Rip-Off*, 1973) de Gordon Douglas o luchar contra supremacistas blancos en *Los demoledores* (*Three the Hard Way*, 1974) de Gordon Parks Jr. En esta última cinta compartía protagonismo con otros dos exdeportistas: Fred Williamson (1938) y Jim Kelly (1946-2013). Williamson, al que apodaban The Hammer en su etapa de jugador de fútbol americano, llevó el sobrenombre al cine en *Hammer* (1972) de Bruce Clark, en que encarnaba a un boxeador. Williamson fue el protagonista de títulos emblemáticos del subgénero: el western *La leyenda de Nigger Charley* (*The Legend of Nigger Charley*, 1972) de Martin Goldman, donde era un esclavo huido, y el *thriller El padrino de Harlem* (*Black Caesar*, 1973) de Larry Cohen, en la que encarnaba al hampón protagonista. Ambas tuvieron una

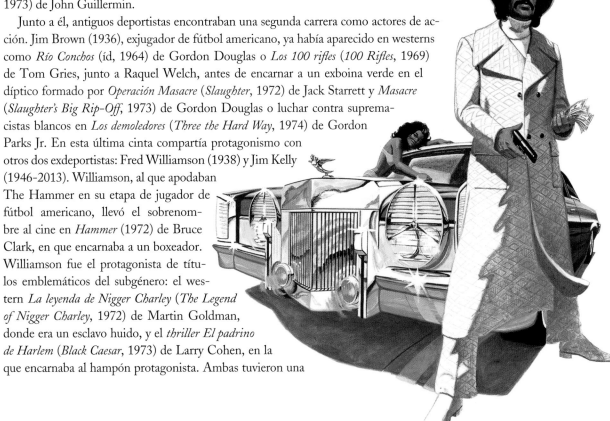

segunda parte, también interpretadas por él. Actor años más tarde de *Aquel maldito tren blindado*, Tarantino y Roberto Rodríguez lo ficharían para un divertido papel de *Abierto hasta el amanecer*.

Por su parte, Jim Kelly, campeón de karate, llevó su dominio de las artes marciales al cine como elemento exótico de las películas *blaxploitation*. Su film más destacado dentro del subgénero fue *Cinturón negro* (*Black Belt Jones*, 1974) de Robert Clouse, director con el que ya había trabajado en *Operación dragón* (*Enter the Dragon*, 1973), junto a Bruce Lee.

LA NUEVA MUJER NEGRA

La *blaxploitation* aportó rostros nuevos femeninos en, además, el papel insólito de heroína de acción. Hasta entonces la actriz negra más importante había sido Dorothy Dandridge,

Tamara Dobson encarnó el papel de una agente antivicio en Cleopatra Jones.

protagonista de vida tortuosa de *Porgy & Bess* (1959) y *Carmen Jones* (1954), ambas de Otto Preminger. Pam Grier fue la primera reina de la *blaxploitation* con sus personajes vengadores en *Coffy*, *Foxy Brown* y *Sheba, Baby*. La sucedió Tamara Dobson (1947-2006) como la agente antivicio de *Cleopatra Jones* (1973) de Jack Starrett y *Cleopatra Jones and the Casino of Gold* (1975) de Charles Bail. Sin protagonismo absoluto en las cintas en las que intervenía, Gloria Hendry (1949), chica Bond en *Vive y deja morir* (*Live and Let Die*, 1973) de Guy Hamilton, fue *partenaire* de Brown en *Masacre*, de Kelly en *Cinturón negro* y de Williamson en *El padrino de Harlem*.

BLACK TARANTINO

Tarantino se ha convertido en el defensor más importante y conocido de las *blaxploitation*. En el documental *Baadasssss Cinema* (2002) de Isaac Julien, que recoge entrevistas con personalidades del género como Fred Williamson, Pam Grier o los directores Melvin van Peebles y Larry Cohen, el cineasta de Knoxville aparece como primer entrevistado. Tarantino vio sus primeros films *blaxploitation* gracias a un joven negro que salía con su madre y que lo llevó cuando tenía unos once años a una zona de Los Ángeles en la que los cines mayoritariamente proyectaban ese tipo de films. La sesión doble que vio constaba de *Black Gunn* (*Pólvora negra*, 1972) de Robert Hartford-Davis, con Jim Brown, y *The Bus is Coming* (1971) de Wendell Franklin, en que un soldado -Mike B. Sims, en su única película-, recién regresado

Heroínas de ébano que mostraban generosamente sus atributos físicos poblaban el universo de los films blaxploitation.

de Vietnam, se venga de los asesinos de su hermano. En un artículo escrito por él y recogido por Paul A. Woods, Tarantino confiesa: «La película que me deslumbró fue *Coffy* desde el momento en que ella le dispara en la cabeza al chico con la escopeta recortada y su cabeza explota como una sandía. Nunca había visto eso anteriormente y a partir de ahí fue a mejor.

Pam Grier estaba simplemente genial. *Coffy* es una de las mejores películas de venganza jamás realizadas». Como se ha visto, aunque *Jackie Brown* no es plenamente una película de *blaxploitation*, tiene varias referencias al film y contribuyó a la reactivación del género que ya habían emprendido directores como Larry Cohen con *Hot City* (*Original Gangstas*, 1996) con Williamson, Brown y Grier; o Mario van Peebles, hijo de Melvin, con el western *Renegados* (*Posse*, 1993). Samuel L. Jackson, protagonista de *Jackie*, protagonizaría pocos años más tarde *Shaft: The Return* (2000), de John Singleton, *remake* de *Las noches rojas de Harlem*.

En cuanto a la huella del género en el cineasta, además de la violencia, los planos de sabor tan tarantiniano en que alguien apunta a cámara están presentes en las *blaxploitation* desde aquella seminal *Algodón en Harlem*. El film de Tarantino más relacionado con el género es *Django desencadenado*, por la violencia, el protagonismo general de actores negros (Jamie Foxx, Kerry Washington, Samuel L. Jackson), el enfrentamiento racial y el retrato sin compasión del esclavo fiel encarnado por Jackson que vehicula la carga crítica.

Lady Snowblood es la gran referencia de Tarantino en la composición del díptico Kill Bill.

Lady Snowblood
(*Shurayukihime*, 1973)

Prod.: Kikumaru Okuda. Toho Film (Japón). **Dir.:** Toshiya Fujita. **G.:** Norio Osada, basado en el manga de Kazuo Koike y Kazuo Kamimura.. **Fot.:** Masaki Tamura, en color. **Mús.:** Masaaki Hirao. **Dir. Art.:** Kazuo Satsuya. **Mont.:** Osamu Inoue. **Int.:** Meiko Kaji, Toshio Kurosawa, Eiji Okada, Masaaki Daimon, Kô Nishimura, Miyoko Akaza, Shinichi Uchida, Takeo Chii, Noburu Nayaka, Yoshiko Nakada, Akemi Negishi. 97 minutos.

Sinopsis: Yuki (Meiko Kaji) ha sido entrenada desde la infancia por el sacerdote Dôkai (Kô Nishimura) para vengarse de los violadores de su madre, Sayo (Miyoko Akaza), y asesinos de su padre. Yuki irá eliminando a todos ellos y contará con la ayuda del periodista Ashio (Toshio Kurosawa) para dar con el último hombre, Gishirô Tsukamoto (Eiji Okada).

KILL GISHIRO

Tras el estreno de *Kill Bill*, *Lady Snowblood* se reveló como la gran influencia del díptico de Tarantino. Es la adaptación de un popular manga homónimo (1972) del escritor Kazuo Koike, autor también de *Lone Wolf and Cub / Kozure Ôkami* (1970) cuya adaptación cinematográfica japonesa daría pie al refrito americano *El asesino del Shogun* (1980), otra de las referencias de *Kill Bill*. La historia de venganza de la protagonista se ve reflejada en dos personajes de la de Tarantino. Por una parte, O-Ren Ishii vio de pequeña cómo mataban a sus padres y se vengó cuando solo tenía once años de edad. De hecho, la frase de la niña cuando mata al jefe del clan parafrasea la frase de Lady Snowblood ante una de sus víctimas. Por otra parte, la imagen en contrapicado de los cuatro miembros del escuadrón Víbora Letal mirando a Beatrix moribunda es una réplica de la de los asesinos del padre de Yuki. Además, dividida en capítulos, con saltos en la narración y con escenas animadas, *Lady Snowblood* también fue, a partir de sus secuencias nevadas, una referencia visual en el enfrentamiento entre Beatrix y O-Ren Ishii.

El film también incluye una subtrama que sería la base del proyecto no realizado *Kill Bill Vol.3*: la venganza de la hija de uno de los criminales ajusticiados por Snowblood; en el caso de Beatrix, la hija de Vernita Green.

Tuvo una segunda parte: *Love Song of Vengeance / Shurayukihime: Urami koiuta* (1974) de Toshiya Fujita en la que había mayor carga política. *Lady Snowblood* fue editada en DVD en 2004, año de *Kill Bill Vol.2*.

HA (RE)NACIDO UNA ESTRELLA

Meiko Kaji (1947), la protagonista, no intervino en *Kill Bill*, pero la utilización de dos canciones cantadas por ella resucitaron su carrera como cantante. Maji, activa, sobre todo, en la

Meiko Kaji también desarrolló una carrera como cantante, reactivada tras el estreno del díptico Kill Bill.

Lady Snowblood *es la historia de una venganza.*

década de los setenta, destacó como protagonista de sagas de películas violentas como *Nora Neko rokku / Stray Cat Rock* (1970) sobre chicas delincuentes o *Joshû-Sasori / Female Prisoner 701: Scorpion* (1972-1973), sobre otra mujer vengadora. En paralelo desarrolló una carrera musical que abandonó en los ochenta. En *Kill Bill Vol. 2* suena «Urami Bushi», de la serie *Female Convict*, en los créditos finales, y «Shura No Hana», de *Lady Snowblood*, en el duelo con O-Ren Ishii. Su último álbum había aparecido en 1980; en 2004 se editó un recopilatorio de sus éxitos y más adelante grabó dos discos nuevos.

Además de Kaji, destaca, en el papel de asesino Tsukamoto, Eiji Okada que más de una década atrás había alcanzado notoriedad internacional al ser el protagonista del clásico francés *Hiroshima mon amour* (1959) de Alain Resnais.

Aquel maldito tren blindado
(*Quel maledetto treno blindato*, 1978)

Prod.: Roberto Sbarigia. Film Concorde (Italia). **Dir.:** Enzo G. Castellari. **G.:** Sandro Continenza, Sergio Grieco, Romano Migliorini, Laura Toscano y Franco Marotta. **Fot.:** Giovanni Bergamini, en color. **Mús.:** Francesco de Masi. **Dir. Art.:** Pierluigi Basile y Aurelio Crugnola. **Mont.:** Gianfranco Amicucci. **Vest.:** Ugo Pericoli. **Int.:** Bo Svenson, Fred Williamson, Peter Hooten, Jackie Basehart, Michel Constantin, Debra Berger, Raimund Harmstorf, Ian Bannen. 96 minutos.

Malditos bastardos *recuperó* Aquel maldito tren blindado *(1978) de Enzo G. Castellari,* macaroni combat *admirado por Tarantino.*

Sinopsis: A finales de la II Guerra Mundial, en la Francia ocupada, un grupo de criminales del bando aliado aprovechan un ataque del ejército alemán y se escapan mientras son llevados hacia un consejo de guerra. Se dirigen a Suiza, pero en su camino hacia la libertad son confundidos con una patrulla encargada de una misión especial y tendrán que llevarla a cabo: atacar un tren germano que transporta las cabezas de unos nuevos proyectiles.

El film de Castellari (arriba) y Doce del patíbulo, *dirigida por Robert Aldrich pertenecen al subgénero bélico bautizado como* macaroni combat.

Aquel maldito tren blindado pertenece al llamado *macaroni combat*, subgénero que es al bélico lo que el *spaghetti al western*. El *macaroni combat* surgió a rebufo de las americanas y exitosas *Tobruk* (íd, 1967) de Arthur Hiller y *Doce del patíbulo* (*The Dirty Dozen*, 1967) de Robert Aldrich sobre comandos al cargo de una misión. Entre los títulos destacados del subgénero, de poco más de una década de existencia, se encuentran: *Attentato ai tre grandi* (1967) de Umberto Lenzi en la que el objetivo era eliminar a Churchill, Roosevelt y Stalin, *Chacales del desierto* (*Commandos*, 1968) de Armando Crispino, con Lee van Cleef, *La brigada de los condenados* (*La legione dei dannati*, 1969) de Lenzi con Jack Palance o *El largo día del águila* (*La battaglia d'Inghilterra*, 1969) de Castellari.

GLORIOSA BASTARDA

En el inicio del proyecto, *Malditos bastardos* se presentaba como un *remake* de este film italiano: su título original, *Inglourious Basterds*, se asemeja al que tuvo el film de Castellari en inglés, *The Inglorious Bastards*. Tarantino, admirador de la película, había leído sobre ella en su juventud en la revista *Variety*, pero no la vio hasta años más tarde en un pase televisivo. Sin embargo, el parecido entre las dos películas es mínimo: solo comparten la existencia de un grupo salvaje, liderados, en cada caso, por Brad Pitt y Bo Svenson. No obstante, desde que el film italiano se encontró asociado al nuevo proyecto del director americano, la circunstancia fue aprovechada en su beneficio. Coincidiendo con su 30º aniversario, se reeditó el film en 2008 en una edición de 3 DVD en la que se incluía una conversación entre los dos directores. En ella, Castellari estaba convencido de que Tarantino realizaría un *remake* de su obra. El de Knoxville alababa la premisa del film y el título inglés, pero acababa apuntando que la historia era otra.

Sea como fuere, ese año se hizo una presentación en el cine de Tarantino, el New Beverly Cinema, con la presencia de Castellari y los dos protagonistas, Fred Williamson y Bo Svenson. Junto a ella, se pasaba otra cinta de Castellari, *El largo día del águila*. Posteriormente, el director italiano, que desde 1994 solo había dirigido televisión y un cortometraje, volvió al cine con un largometraje convenientemente titulado *Caribbean Basterds* (2010), su último film hasta la fecha.

LOS ACTORES
DE TARANTINO

REGRESO POR LA PUERTA GRANDE

David Carradine
(8/12/1936-3/6/2009)

CONEXIÓN TARANTINIANA

Tras la renuncia de Warren Beatty, David Carradine fue el actor escogido por Tarantino para interpretar a Bill en el díptico *Kill Bill*, especialmente en la segunda parte.

ANTES DE TARANTINO

En la imagen de la derecha, junto a Tarantino, en la Alfombra Roja de los Globos de Oro, premios de la Asociación de la prensa extranjera en Hollywood, a los que el actor estuvo nominado en cuatro ocasiones.

Perteneciente a una célebre saga de actores, era hijo de John Carradine (1906-1988), intérprete prolífico y habitual de John Ford, y hermano de Keith (1949) y Robert (1954) Carradine. Habiendo comenzado su periplo cinematográfico en los sesenta con papeles secundarios en westerns como *Taggart* (1964) de R. G. Springsteen o *Un hombre impone la ley* (*The Good Guys and the Bad Guys*, 1969) de Burt Kennedy, disfrutó de su mejor etapa en los setenta. Por una parte fue una estrella televisiva muy popular a raíz de protagonizar la serie *Kung Fu* (íd, 1972-1975), por la que recibió candidaturas al Emmy y al Globo de Oro; y, por otra, gozó de sus mejores papeles en cine. Así, después de trabajar con Martin Scorsese -*Malas calles* (*Mean Streets*, 1973)- o Robert Altman -*Un largo adiós* (*The Long Goodbye*, 1973), encarnó a Woody Guthrie en el *biopic* del cantante *Esta tierra es mi tierra* (*Bound for Glory*, 1976), de Hal Ashby -papel que le supuso la segunda nominación al Globo de Oro-, intervino en el clásico independiente de culto *La carrera de la muerte del año 2000* (*Death Race 2000*, 1975) de Paul Bartel e incluso protagonizó el film de Ingmar Bergman *El huevo de la serpiente* (*The Serpent's Egg*, 1977). Sin embargo, en décadas posteriores, su carrera se movió entre infinidad de producciones mediocres, *thrillers* y cintas de acción de consumo, algunas veces directamente videográfico. Como excepciones, la serie *Norte y sur* (1985-1994), que le valió

la tercera candidatura a los Globos de Oro, los intentos de explotar su personaje más conocido, el Caine de *Kung Fu*, en un telefilm *Kung Fu: La película* (*Kung Fu: The Movie*, 1986) de Richard Lang y en una nueva serie tardía *Kung Fu: la leyenda continúa* (*Kung Fu: The Legend Continues*, 1993-1997), y su participación en la producción comercial hollywoodiense *Dos pájaros a tiro* (*Bird on a Wire*, 1990) de John Badham. También protagonizó la española *Río abajo* (1984) de José Luis Borau, junto a Victoria Abril.

DESPUÉS DE TARANTINO

Con *Kill Bill: Volumen 2* Carradine consiguió su cuarta y última nominación a los Globos de Oro. Bill pasaba a ser el segundo personaje más importante de su carrera, con el que se le identifica tanto como con Caine. De hecho, este es el que le sirvió para conseguir el rol en el film de Tarantino. Fue el propio Beatty el que, ya fichado e incómodo con las indicaciones del cineasta, le sugirió que llamase a Carradine, intérprete al que Tarantino ponía como referencia en las conversaciones.

No se puede decir que la carrera del actor cambiase después de *Kill Bill*, más allá de devolverlo a la primera línea por breve tiempo. Su film más conocido desde entonces sería *Crank: Alto voltaje* (*Crank: High Voltage*, 2009) de Mark Neveldine y Brian Taylor, cinta de acción al servicio de Jason Statham. Siguió presente en decenas de producciones de consumo... incluso algunas acabadas de rodar años después de su muerte, como sucede en *Night of the Templar* (2013) de Paul Sampson o *The American Connection* (2017) de Jeff Espanol, junto a Daryl Hannah, Michael Madsen y Faye Dunaway.

Robert Forster
(13/7/1941)

CONEXIÓN TARANTINIANA

Forster encarna a Max Cherry en *Jackie Brown*, el agente de fianzas que se enamora de la protagonista. Tarantino ya se había interesado por él anteriormente. El actor se había presentado al *casting de Reservoir Dogs* para el papel de Joe Cabot que acabó desempeñando Lawrence Tierney. Además, era el actor que Tarantino tenía en mente para encarnar a Vincenzo Coccotti en *Amor a quemarropa*, pero el rol lo interpretó Christopher Walken en el film de Tony Scott. Finalmente, Tarantino contó con él en *Jackie Brown*, aunque también había pensado en actores como John Saxon, Gene Hackman o Paul Newman.

Robert Forster, prolífico actor de cine y televisión, obtuvo su mayor regalo con el papel de Max Cherry en Jackie Brown.

ANTES DE TARANTINO

Forster había debutado en el cine treinta años antes de *Jackie Brown* en un pequeño, pero conocido papel de *Reflejos en un ojo dorado* (*Reflections in a Golden Eye*, 1967), de John Huston, film en el que montaba desnudo en un caballo. Sin embargo, su papel más

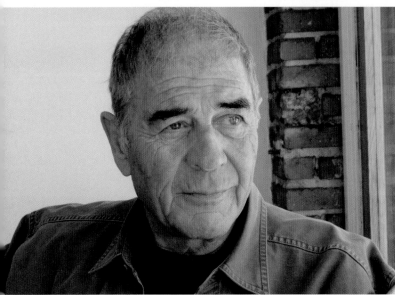

importante en esta época fue el del reportero protagonista del drama político *Medium Cool* (1969), de Haskell Wexler. La cinta, que incluía imágenes documentales de la época, ha sido revalorizada con el tiempo, pero fue maltratada por su distribuidora, Paramount, que, temerosa de su contenido, le dispensó un estreno marginal. A este hecho desafortunado, le siguieron algunos papeles protagonistas en films menores como *Pieces of Dreams* (1970) de Daniel Haller o *Cover Me Babe* (1970) de Noel Black. Durante esa década tuvo presencia destacada en televisión, sobre todo, en series policíacas como *Banyon* (1971-1973) o *Nakia* (1974). En su regreso al cine recaló en cintas de género como *La bestia bajo el asfalto* (1980) de Lewis Teague, *Vigilante* (1982) de William Lustig o *Delta Force* (1986) de Menahem Golan, película de acción con Chuck Norris que marcaría un claro descenso en la trayectoria del actor, que más tarde incluiría la española *La bahía esmeralda* (1989) de Jesús Franco. Forster se había quedado anclado en cintas de acción o terror, como *Maniac Cop 3* (íd, 1993) de William Lustig o *Pánico en la central* (*Demolition University*, 1997) de Kevin Tenney, algunas editadas directamente en vídeo. Hasta que Tarantino llamó a su puerta.

DESPUÉS DE TARANTINO

El papel de Max Cherry supuso para Forster su única candidatura al Oscar. Pero este hito personal es una mera anécdota en comparación con lo que significó para su carrera que Tarantino se acordara de él. El propio Forster explica con emoción el hecho de que el cineasta fuera a buscarlo a su cafetería habitual: «Y así de sopetón y sin las habituales persecuciones, audiciones, esperanzas, mendicidades y demás que suele acarrear la búsqueda de un trabajo, aquel tipo me dio el mejor trabajo de mi carrera. Me costaría explicarlo de otra forma que no sea que 'los milagros suceden'». En aquel momento Forster se encontraba sin agente y consideraba muerta su carrera.

Después de *Jackie Brown*, el actor no se convirtió en la superestrella de grandes producciones, pero sí en un secundario reconocible y contrastado, algo que no había sido en los últimos
quince años. Ese film lo volvió a situar en la agenda de los grandes cineastas y estudios. Desde entonces no ha parado de trabajar tanto en cine como en televisión, y aunque no ha des-
deñado propuestas de películas menores, también ha actuado a las órdenes de Gus van Sant
(*Psicosis*, 1998), David Lynch (*Mulholland Drive*, 2001; y la serie *Twin Peaks*, 2017), Walter
Hill (*Supernova*, 2000) o Alexander Payne (*Los descendientes / The Descendants*, 2011), además de participar tanto en cintas comerciales como *Yo, yo mismo e Irene* (*Me, Myself and
Irene*, 2000) de Bobby y Peter Farrelly, *Los ángeles de Charlie: Al límite* (*Charlie's Angels: Full
Throttle*, 2003) de McG o *Objetivo: La Casa Blanca* (*Olympus Has Fallen*, 2013) de Antoine
Fuqua como en producciones independientes como *Confidence* (íd, 2003) de James Foley o
la española *Autómata* (2014) de Gabe Ibáñez.

*Forster, tras trabajar
con Tarantino, se
ha convertido en un
secundario reconocible y
contrastado. Aquí puede
verse en una escena de*
The Confirmation
*(2016), dirigida por
Bob Nelson.*

Pam Grier
(26/5/1949)

CONEXIÓN TARANTINIANA

Protagonista de *Jackie Brown*, Pam Grier formaba parte de los diálogos de *Reservoir Dogs*. En la conversación en el coche de Eddie, antes del golpe, era confundida por los protagonistas con Teresa Graves, de la serie *Busquen a Christie Love* (*Get Christie Love*, 1974-1975). Antes de *Jackie Brown*, Grier se presentó al *casting* del personaje que finalmente hizo Rosanna Arquette en *Pulp Fiction*. Fan de la actriz, Tarantino escribió *Jackie Brown* pensando en ella.

ANTES DE TARANTINO

La reina de la *blaxploitation*. Grier se convirtió en la actriz más representativa del subgénero gracias a *Coffy* (1973) y *Foxy Brown* (1974), dirigidas por Jack Hill. Si en la primera era una enfermera que se vengaba de los responsables de la drogadicción de su hermana pequeña, en la segunda tenía en el punto de mira a los asesinos de su novio policía. *Sheba, Baby* (1975) de William Girdler cerraría esta trilogía oficiosa de vengadoras, ahora con el pretexto de la muerte del padre de la protagonista. Antes de su incursión en la *blaxploitation*, Grier ya había debutado de la mano de Jack Hill en *The Big Doll House* (1971), la primera de una serie de películas rodadas en Filipinas sobre mujeres encarceladas, torturadas o vejadas, especialmente por guardianas sádicas, pretexto para mostrar cuerpos femeninos con poca ropa o sin ella. En *Jackie Brown*, el director utiliza la canción «Longtime Woman», interpretada por la

Tarantino escribió Jackie Brown *pensando en Pam Grier.*

propia Grier, tema principal de *The Big Doll House*, para la breve escena que muestra a Jackie en la cárcel. La actriz repetiría experiencia isleña en *Women in Cages* (1971) de Gerardo de León, *The Big Bird Cage* (1972) de Jack Hill y *Black Mama, White Mama* (1973) de Eddie Romero.

Desde mediados de los setenta, cuando cesó la *blaxploitation*, la carrera de Grier se desarrolló entre incursiones televisivas y papeles secundarios en cintas como *Distrito Apache* (*Fort Apache the Bronx*, 1981) de Daniel Petrie, *El carnaval de las tinieblas* (*Something Wicked This Way Comes*, 1983) de Jack Clayton o *Por encima de la ley* (*Above the Law*, 1988) de Andrew Davis, junto a Steven Seagal. Si bien en los años previos a *Jackie Brown* habían contado con ella tanto cineastas reputados como John Carpenter -*2013: Rescate en L.A* (*Escape from L.A.*, 1996)- o Tim Burton -*Mars Attacks!* (íd, 1996)- como directores que recuperaban el espíritu *blaxploitation* como Mario van Peebles con el western *Posse* (1993) o el veterano Larry Cohen con *Original Gangstas* (1996), el film de Tarantino supuso un punto álgido de su carrera.

Antes de su incursión en la blaxploitation, *Grier había participado en cintas rodadas en Filipinas ambientadas en cárceles de mujeres. En* Women in Cages *encarnaba a una sádica guardiana llamada Alabama, como Patricia Arquette en* Amor a quemarropa.

DESPUÉS DE TARANTINO

Aunque Grier no logró la ansiada nominación al Oscar, optó al Globo de Oro y al premio del Sindicato de actores por *Jackie Brown* y regresó momentáneamente a la primera línea. Sin embargo, la intérprete no obtuvo después papeles de la misma importancia si bien su carrera televisiva se intensificó con series como *Linc's* (1998-2000) o *L* (*The L Word*, 2004-2009). Secundaria en *Holy Smoke* (íd, 1999) de Jane Campion o *Larry Crowne, nunca es tarde* (*Larry Crown*, 2011) de Tom Hanks, sus roles protagónicos se limitan a films de acción menores como *Wilder* (2000) de Rodney Gibbons, junto a Rutger Hauer, o *Mafia* (2012) de Ryan Combs. *Jackie Brown* permanece como su cinta más importante y su mejor interpretación.

Jennifer Jason Leigh consiguió con Los odiosos ocho *su única nominación al Oscar.*

Jennifer Jason Leigh
(5/2/1962)

CONEXIÓN TARANTINIANA

En *Los odiosos ocho* Jennifer Jason Leigh interpreta a Daisy Domergue, la forajida buscada por la ley que lleva prisionera el cazarrecompensas John Ruth (Kurt Russell).

ANTES DE TARANTINO

Hija del actor Vic Morrow (1929-1982), fallecido en un accidente durante el rodaje de *En los límites de la realidad* (1983) de John Landis. Aunque debutó en el cine en edad adolescente en *Tod eines Fremden* (1976), dirigida por su padrastro Reza Badiyi, y tuvo papeles

destacados en los ochenta en films como *Aquel excitante curso* (*Fast Times at Ridgemont High*, 1982) de Amy Heckerling o *Los señores del acero* (*Flesh+Blood*, 1985) de Paul Verhoeven, no fue hasta la década siguiente cuando se consagró como una de las mejores actrices jóvenes norteamericanas gracias a papeles duros como el de la prostituta de *Última salida Brooklyn* (*Last Exit to Brooklyn*, 1989) de Uli Edel, la psicópata de *Mujer blanca soltera busca...* (*Single White Female*, 1992) de Barbet Schroeder, la escritora Dorothy Parker en *La Sra. Parker y el círculo vicioso* (*Mrs. Parker and the Vicious Circle*, 1994) de Alan Rudolph o la protagonista drogadicta de *Georgia* (íd, 1995) de Ulu Grosbard. Después trabajaría con cineastas como Robert Altman -*Kansas City* (íd, 1996)- y David Cronenberg -*eXistenZ* (íd, 1999)-; o, ya en papeles secundarios, con Sam Mendes -*Camino a la perdición* (*Road To Perdition*, 2002)-, Jane Campion -*En carne viva* (*In the Cut*, 2003)-, Todd Solondz -*Palíndromos* (*Palindromes*, 2004)-, su por entonces marido Noah Baumbach -*Margot y la boda* (*Margot at the Wedding*, 2007)- o Charlie Kaufman -*Synecdoche, New York* (2008). Tras un periodo de papeles secun-

Los señores del acero, de Paul Verhoeven, una de las interpretaciones más destacadas de Jason Leigh en sus inicios, estaba ambientada en Europa en el año 1501 y seguía a un grupo de mercenarios en sus saqueos, violaciones y asesinatos.

darios en cintas independientes como *Aquí y ahora* (*The Spectacular Now*, 2013) de James Ponsoldt o *Alex of Venice* (2014) de Chris Messina, sus dos mejores personajes en su última etapa llegaron en 2015 si bien uno de ellos era un trabajo de voz en la película de animación *Anomalisa* (íd, 2015) de Charlie Kaufman y Duke Johnson. El otro, el de *Los odiosos ocho*.

DESPUÉS DE TARANTINO

Pese a su destacada etapa de los noventa, Leigh consiguió con *Los odiosos ocho* su única nominación al Oscar. Esposada a John Ruth durante casi la totalidad del metraje, Domergue recibe escupitajos, golpes y vómitos. Su rostro deviene un amasijo de pelos y heridas ensangrentadas, un nivel de sufrimiento y humillación que confirmaba el compromiso de Leigh con los retos interpretativos. Tras la experiencia con Tarantino, la actriz ha sido reclamada por David Lynch en la segunda etapa de *Twin Peaks* (2017), además de participar en films de terror como *Amityville: El despertar* (*Amityville: The Awakening*, 2017) de Franck Khalfoun, o *Aniquilación* (*Annihilation*, 2018) de Alex Garland.

Lawrence Tierney
(15/3/1919-26/2/2002)

CONEXIÓN TARANTINIANA

Tierney interpreta a Joe Cabot en *Reservoir Dogs* (1992), el mafioso que prepara el golpe a la joyería y recluta a los asaltantes. El señor Naranja lo compara con acierto con *La cosa*, el personaje de *Los 4 fantásticos*, por su físico.

ANTES DE TARANTINO

Quentin Tarantino dijo una vez que Lawrence Tierney, hermano mayor del también actor Scott Brady (1924-1985), podía ser tanto un oso de peluche como un oso grizzly. Y es

Tierney encarnó a Joe Cabot en Reservoir Dogs.

que el entonces director novel tuvo problemas en el rodaje con este actor que a mediados de los años cuarenta se había caracterizado por interpretar hombres duros y peligrosos en cintas de cine negro de serie B. Tras pequeños papeles en películas de Mark Robson como *El barco fantasma* (*The Ghost Ship*, 1943) o *Juventud salvaje* (*Youth Runs Wild*, 1944), su primer protagonista fue el gánster John Dillinger en la muy apreciable *Dillinger* (íd, 1945) de Max Nosseck para la Monogram. No sería el único personaje real temible que interpretaría en su carrera: en dos ocasiones encarnó al pistolero Jesse James en *Badman's Territory* (1946) de Tim Whelan y en *El mejor de los malvados* (*Best of the Badmen*, 1951) de William D. Russell, producciones de la RKO, compañía a la que estaría ligado en su mejor etapa.

Corpulento y de registro interpretativo limitado, tenía suficiente presencia (y experiencia) como para convencer en sus roles aviesos. Además de por el film de Nosseck, se le recuerda por *Nacido para matar* (*Born to Kill*, 1947) de Robert Wise, película en la que ponía rostro a un asesino egomaníaco con delirios de grandeza y una insólita capacidad de seducción que le hacía encontrar en el personaje de Claire Trevor una suerte de alma gemela. No solo encarnó tipos fuera de la ley, a veces estaban dentro de ella, pero con matices: en el entretenido *pulp Bodyguard* (1948) de Richard Fleischer era un policía acusado injustamente de asesinato; y en el didáctico *San Quentin* (1946) de Gordon Douglas, un exconvicto a favor de la rehabilitación de presos.

Sin embargo, Tierney en su vida personal estaba más cercano a aquellos personajes que habían forjado su imagen cinematográfica más

Lawrence Tierney se había caracterizado por interpretar hombres duros y peligrosos en cintas de cine negro.

áspera. Tarantino llegó a decir que la película *Amenaza diabólica* (*The Devil Thumbs a Ride*, 1947) de Felix E. Feist «casi podría haberse llamado *The Lawrence Tierney Story*». En ella, el actor se metía otra vez en la piel de un criminal, un asesino y atracador que en su huída se mezclaba con inocentes que ignoraban su auténtica identidad. Así, la vida de Tierney estuvo repleta de episodios conflictivos provocados mayoritariamente por su alcoholismo. Ya en

1953 la policía de Nueva York tuvo que parar una madrugada una pelea callejera con un boxeador. Se sucedieron agresiones a camareros, a un estudiante universitario o incluso policías. Llegó a pasar incluso breves estancias en la cárcel. Hubo también extraños incidentes como alteración del orden en una iglesia o el aparente suicidio de una mujer en 1975, caso del que solamente fue interrogado; dos años antes había sido apuñalado en una reyerta en Manhattan.

Durante el rodaje de *Reservoir Dogs*, a sus 72 años, seguía igual de temperamental y no aflojó pese a ser dirigido por Tarantino, declarado fan suyo que le había dedicado el guion del film antes siquiera de saber que el actor encarnaría a Cabot. Su comportamiento indisciplinado y colérico llevó a algún efrentamiento con el cineasta, dotado también de fuerte carácter.

La ajetreada vida personal de Tierney influyó en su carrera cinematográfica que, a partir de la década de los cincuenta, sería inestable y plagada de papeles secundarios, algunos insignificantes: hampón en *El mayor espectáculo del mundo* (*The Greatest Show on Earth*, 1952) de Cecil B. De Mille, un barman en *Gloria* (1980) de John Cassavetes, un policía corrupto en *El honor de los Prizzi* (*Prizzi's Honor*, 1985) de John Huston, un mánager de un equipo de béisbol en *Agárralo como puedas* (*The Naked Gun*, 1989) de David Zucker, entre otros.

DESPUÉS DE TARANTINO

El papel de Joe Cabot es el más importante que tuvo Lawrence Tierney desde sus primeros años en la RKO. Además de su mejor interpretación. Cabot personificaba la continuación de esos personajes ariscos y conflictivos, como si no hubiera habido un salto de cuatro décadas y los hubiéramos visto envejecer. No obstante, y dada también su avanzada edad, no hubo un resurgimiento de la carrera del actor, que siguió haciendo pequeños papeles en cine y televisión. Justo después de *Reservoir Dogs* intervino en *Eddie Presley* (1992) de Jeff Burr, el director amigo de Tarantino que los había puesto en contacto; de hecho, Tarantino apareció en un cameo en el film como interno de un sanatorio.

En las escasas películas en las que participó en su última década de vida, destacan por su popularidad *Junior* (íd, 1994) de Ivan Reitman y *Armageddon* (íd, 1998) de Michael Bay, aunque en esta última no aparecía acreditado, ya que su papel de padre de Bruce Willis acabó fuera del montaje final. Su última cinta fue *Evicted* (2000), dirigida por su sobrino Michael Tierney, quien años más tarde tendría una breve, pero fructífera carrera como actor porno.

En la página anterior, arriba, Tierney encarnó al pistolero Jesse James en dos ocasiones: Badman's Territory *(1946) de Tim Whelan y* El mejor de los malvados *(Best of the Badmen, 1951) de William D. Russell.*

Dillinger *(1945) de Max Nosseck permanece como uno de los títulos emblemáticos de la serie B y de la carrera de Lawrence Tierney.*

John Travolta
(18/2/1954)

CONEXIÓN TARANTINIANA

Pese a sus primeras dudas, Travolta aceptó ser Vincent Vega en *Pulp Fiction*, que resultó ser uno de los personajes icónicos de su tiempo. En realidad, Tarantino había pensado en Michael Madsen, que en *Reservoir Dogs* había encarnado a Vic Vega, hermano de Vincent, pero Madsen se había comprometido para hacer *Wyatt Earp* (íd, 1994) de Lawrence Kasdan. Antes que en *Pulp Fiction*, Tarantino había pensado en el actor para protagonizar *Abierto hasta el amanecer*, en el papel que luego haría George Clooney, pero el actor rechazó la propuesta porque no estaba interesado en el cine de vampiros.

ANTES DE TARANTINO

Aunque ya había debutado en Broadway, la carrera de Travolta, norteamericano de ascendencias irlandesa e italiana, empezó con fuerza en la televisión gracias a su papel de alumno en la popular sitcom *Welcome Back, Kotter!* (1975-1979). Paralelamente a la producción de

Junto a Olivia Newton-John en Grease. *Danny Zuko ha permanecido como uno de los personajes emblemáticos de la carrera del intérprete.*

dicha serie, Travolta realizaría dos de los personajes cinematográficos más icónicos de aquella década y más importantes de su carrera: el Tony Manero de *Fiebre del sábado noche* (*Saturday Night Fever*, 1977) de John Badham y el Danny Zuko de *Grease* (íd, 1978) de Randal Kleiser, adaptación del musical de Broadway de 1972 en el que él ya había intervenido, aunque en un papel mucho menor. Su interpretación de Tony Manero le valió la nominación al Oscar. Sin embargo, la década siguiente, pese a su participación en *Impacto* (*Blow Out*, 1981) de Brian de Palma y al éxito de público conseguido con *Cowboy de ciudad* (*Urban Cowboy*, 1980) de James Bridges y *Staying Alive* (íd, 1983) de Sylvester Stallone, la segunda parte de *Fiebre del sábado noche*, la actividad del actor sufrió un parón hasta que resurgió con el tremendo éxito de la comedia familiar *Mira quién habla* (*Look Who's Talking*, 1989) de Amy Heckerling en la que se oían los pensamientos de un bebé. Rápidamente, le sucedió una primera secuela, *Mira quién habla también* (*Look Who's Talking Too*, 1990) también de Heckerling, en la que se añadía una hermanita también parlanchina y que obtuvo una buena acogida de público aunque menor. Pocos años más tarde, sin que la carrera del actor hubiera obtenido la regularidad deseada, se intentó el rescate con una segunda secuela: *¡Mira quién habla ahora!* (*Look Who's Talking Now*, 1993) de Tom Ropelewski, de resultados en taquilla tan ridículos, en comparación con los títulos anteriores,

Aunque había desempeñado un papel secundario en Carrie *(1976) de Brian de Palma, su gran oportunidad llegaría al año siguiente con el papel de Tony Manero en* Fiebre del sábado noche.

141

Uno de los últimos trabajos de Travolta ha sido Gotti *(2018), de Kevin Connolly, en el que encarna al conocido mafioso del título.*

como lo era su trama: a los niños ahora se les añadían perros locuaces. Sin embargo, ahí estaba Tarantino para remediarlo: «Siempre he sido fan de John Travolta. Creo que es uno de los mejores actores que hay. *Impacto* es una de mis interpretaciones favoritas de todos los tiempos. De todos los tiempos. Pero me entristecía ver cómo lo estaban utilizando, aunque él tiene algo de culpa por las películas que hacía. Yo me sentaba, veía películas de los últimos cinco años y pensaba que o bien era el secreto mejor guardado o el mejor secreto olvidado que había ahí fuera. '¿Qué les pasa a esos directores? ¿Por qué no ven lo que tienen?' Y me daba cuenta de que no iba a pasar nada. John necesitaba trabajar con alguien que se lo tomara seriamente y que lo mirase con el amor que necesitaba», dijo en una entrevista para la revista *Sight&Sound* de mayo de 1994.

DESPUÉS DE TARANTINO

Travolta es el ejemplo paradigmático recurrente cuando se habla de Tarantino como recuperador de actores y revitalizador de carreras moribundas. El papel de Vincent Vega, reconversión del gallito de barrio danzante de *Fiebre del sábado noche* en maduro matón viajero -incluida escena de baile antológica- devolvió al actor a primera línea por lo menos durante quince años. El propio Tarantino lo convenció para que aceptara la oferta de *Cómo conquistar Hollywood* (*Get Shorty*, 1995) de Barry Sonnenfeld, basada en una novela de Elmore Leonard, que le valió su único Globo de Oro, en este caso como actor de comedia. En los años siguientes contaron con él cineastas como John Woo -*Cara a cara* (*Face/Off*, 1997)-, Costa-Gavras -*Mad City* (íd, 1997), Mike Nichols -*Primary Colors* (íd, 1998) o Terrence Malick -*La delgada línea roja* (*The Thin Red Line*, 1998). Durante la década siguiente fue una cara habitual del cine de acción en títulos como *Operación Swordfish* (*Swordfish*, 2001) de Dominic Sena, *Basic* (íd, 2003) de John McTiernan, *El castigador* (*The Punisher*, 2004) de Jonathan Hensleigh, *Asalto al tren Pelhalm 123* (*The Taking of Pelham 123*, 2009) de Tony Scott, *Desde París con amor* (*From Paris with Love*, 2010) de Pierre Morel o *Salvajes* (*Savages*, 2012) de Oliver Stone, con alguna excepción como el aplaudido musical *Hairspray* (2007) de Adam Shankman, en el que interpretaba un papel femenino. Desde entonces Travolta, en una caída lenta a través de más películas de acción, busca el papel que le devuelva el status en el que le dejó *Pulp Fiction*. Así, uno de sus últimos trabajos ha sido *Gotti* (2018), de Kevin Connolly, en el que encarna al conocido mafioso del título.

CAMEOS

Edward Bunker
(31/12/1933-19/7/2005)

Bunker era el Sr. Azul de *Reservoir Dogs*, el atracador que menos aparece en pantalla: en el diálogo de presentación y en la primera reunión de Cabot con los miembros de la banda. Tarantino quería a alguien que pareciera un atracador real.

¿Por qué?

Bunker, exatracador de bancos, fue, además, el autor de *No hay bestia tan feroz* (*No Beast So Fierce*), la novela en que se basó el film *Libertad condicional* (*Straight Time*, 1978) de Ulu Grosbard. Tarantino mostró esa película a los miembros del equipo de *Jackie Brown* para indicarles el tono que quería. Dirigida en un principio por Dustin Hoffman, fue el propio actor el que llamó a Grosbard, con el que ya había trabajado en *¿Quién es Harry Kellerman?* (*Who Is Harry Kellerman and Why Is He Saying Those Terrible Things About Me?*, 1971), para que lo relevara. En ella Hoffman es un exconvicto que tras seis años en la cárcel sale en libertad condicional; incapaz de adaptarse a su nueva realidad regresa a la vida delictiva. El propio Bunker hacía un cameo como el amigo que le proporciona los detalles del primer atraco.

¿Quién es?

Exdelincuente, con diecisiete años llegó a ser el recluso más joven de la cárcel de San Quentin [San Quintín]. Se pasó media vida saliendo y entrando de reformatorios y prisiones. Se convirtió en uno de los más buscados por el FBI y sus condenas fueron por atraco a mano armada, tráfico de drogas y extorsión. En presidio desarrolló la afición por la literatura y se inició en la escritura profesional. Su primera novela publicada fue *No hay bestia tan feroz* (1973) de la que Dustin Hoffman compró los derechos para su adaptación. Otras dos obras suyas fueron llevadas al cine: *La fábrica de animales* (1977) resultó en la segunda película como director de su compañero en *Reservoir* Steve Buscemi -*Animal Factory* (2000) con Willem Dafoe y Edward Furlong- y *Perro come perro* (1995) se transformó en *Como perros salvajes* (*Dog Eat Dog*, 2016) de Paul Schrader con Nicolas Cage y Willem Dafoe. Además, Bunker escribió el guion de *El tren del infierno* (*Runaway Train*, 1985) de Andrei Konchalovsky, sobre una historia de Akira Kurosawa, con Jon Voight y Eric Roberts como presos huidos. En ese film, ofreció el papel de boxeador a su antiguo compañero de prisión, Danny Trejo, que inició ahí su carrera como actor. Por otra parte, sus memorias *La educación de un ladrón* (1999) fueron publicadas en Reino Unido con el título de *Mr. Blue, Memoirs of a Renegade* en alusión a su personaje en *Reservoir*.

La vinculación de Bunker con el cine se extendió a pequeños trabajos como actor y también a la función de asesor de películas de ambiente criminal o carcelario. Como intérprete, apareció en *Forajidos de leyenda* (*The Long Riders*, 1980) de Walter Hill, *Tango y Cash* (*Tango & Cash*, 1989) de Andrei Konchalovsky, *Alguien a quien amar* (*Somebody To Love*, 1994) de Alexandre Rockwell o *El clan de los rompehuesos* (*The Longest Yard*, 2005) de Peter Segal, además de, entre otras, las mencionadas *Animal Factory* y *El tren del infierno*. Como asesor, Hoffman en *Libertad condicional*, Jeff Bridges en *Corazón roto* (*American Heart*, 1992) de Martin Bell y Jon Voight en *El tren del infierno* y *Heat* (íd, 1995) de Michael Mann lo tomaron como modelo.

Tarantino quería a alguien que pareciera un atracador real. ¿Quién mejor que Edward Bunker?

Bunker interpreta al Sr. Azul en Reservoir Dogs, *el atracador que menos aparece en pantalla.*

Sonny Chiba
(23/6/1939)

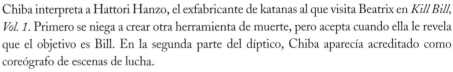

Conexión tarantiniana

Chiba interpreta a Hattori Hanzo, el exfabricante de katanas al que visita Beatrix en *Kill Bill, Vol. 1*. Primero se niega a crear otra herramienta de muerte, pero acepta cuando ella le revela que el objetivo es Bill. En la segunda parte del díptico, Chiba aparecía acreditado como coreógrafo de escenas de lucha.

Por otra parte, en *Amor a quemarropa* (1993) el protagonista, alter ego de Tarantino, va al cine a celebrar su cumpleaños viendo un maratón de films de Chiba: *The Street Fighter / Gekitotsu! Satsujin ken* (1974) y *The Return of the Street Fighter / Satsujin ken 2* (1974), ambas de Shigehiro Ozawa, y *Sister Street Fighter / Onna hissatsu ken* (1974) de Kazuhiko Yamaguchi.

¿Por qué?

Era la segunda vez que Sonny Chiba interpretaba a un personaje con ese nombre. La primera vez había sido en la primera temporada de la serie de televisión japonesa *Shadow Warriors / Hattori Hanzo: Kage no Gundan* (1980), donde encarnaba al personaje real Hattori Hanzo, un ninja del siglo XVI. *Shadow Warriors*, Hattori Hanzo y Sonny Chiba están en el origen del célebre ritual de *Pulp Fiction* en el que Jules lee el versículo 25:17 del libro bíblico de Ezequiel antes de disparar a bocajarro a sus víctimas. La cita bíblica aparecía en la película *The Bodyguard / Karate Kiba* (1976) de Ryuichi Takamori, protagonizada por Chiba. Además, en el final de cada capítulo de *Shadow Warriors*, Hanzo aleccionaba al villano de turno, antes de matarlo, sobre la necesidad de erradicar el mal. «Era seguro que el tío que escuchaba el dicurso moría al final», explica Tarantino, que unió los dos elementos para crear el pasaje de su cinta.

[Por su parte, el Hattori Hanzo de *Kill Bill* inspiraría un personaje del videojuego *The Witcher 3: Wild Hunt*, el herrero retirado Eibhear Hattori].

¿Quién es?

Nacido en Fukuoka como Sadaho Maeda, de pequeño se traslada con su familia a la región de Chiba, topónimo que tomará prestado para su nombre artístico. Especializado en el cine de acción desde sus inicios artísticos en los años sesenta, estará muy vinculado al director Kinji Fukasaku,

renovador del cine de yakuzas a mediados de los setenta, con el que rodará hasta la muerte del cineasta en 2003 una veintena de producciones, habitualmente de acción (*Gang vs. G-men / Gyangu tai G.men*, 1962), pero también de ciencia ficción (*Los invasores del espacio / Uchu kara no messeji*, 1978) o históricas (*The Fall of Ako Castle / Akô-jo danzetsu*, 1978). En los setenta consigue el éxito internacional con películas de artes marciales, especialmente la mencionada *The Street Fighter* (y derivadas), que en Estados Unidos se estrena con muchos cortes debido a su extrema violencia; no se editará en versión completa hasta mediados de los noventa. Aunque su primera incursión en el cine americano se produce en 1992 con *Águila de acero III* (*Aces: Iron Eagle III*, de John Glen) no tiene continuidad. Y tampoco la tendrá después de su colaboración con Tarantino, pese a su intervención en *A todo gas: Tokyo Race* (*The Fast and the Furious: Tokyo Drift*, 2006) de Justin Lin. Por contra, sigue activo en la cinematografía de su país.

Sid Haig
(14/7/1939)

Conexión tarantiniana

Haig aparece en *Jackie Brown* y en *Kill Bill Vol. 2*. En la primera es el juez que dicta la fianza de Jackie y en *Kill Bill* encarna al barman del local en que trabaja Budd.

¿Por qué?

La presencia de Haig en *Jackie Brown* es un guiño a los aficionados de la *blaxploitation*. Si Pam Grier era una de las estrellas del subgénero, Haig, blanco, aparecía como secundario en *Coffy* (1973) y *Foxy Brown* (1974), ambas de Jack Hill, en papeles de esbirro. Es más, Haig fue una figura recurrente en las primeras películas protagonizadas por Pam Grier, aquellas filmadas en Filipinas sobre mujeres encerradas y sometidas a torturas y castigos. Si en *The Big Doll House* (1971) de Jack Hill intentaba aprovecharse de la prisionera Grier y en *Black Mama, White Mama* (1973) de Eddie Romero era el villano que intentaba dar caza a las dos presas fugadas, en *The Big Bird Cage* (1972), otra vez de Hill, orquestaba junto a Grier la evasión de las encarceladas. Por cierto, en un juego tarantiniano antes de Tarantino, su personaje se llamaba... Django.

Así, uno de los momentos destacados del rodaje de *Jackie Brown* fue el reencuentro de los dos actores. A Grier no le habían dicho que Haig hacía de juez y se encontró la sorpresa en el *set*. No trabajaban juntos desde *Foxy Brown*, veintitrés años atrás.

¿Quién es?

Veterano actor de cine y televisión, se inició en el medio cinematográfico de la mano de Jack Hill al ser el protagonista de *The Host* (1960), cortometraje universitario del director. El contacto entre ambos se hizo a través de la directora, además de profesora de Hill, Dorothy Arzner, a quien, al recurrir a la escuela del teatro Pasadena Playhouse en busca de actores, le recomendaron al alumno Haig. Desde entonces el intérprete se convirtió en una cara habitual de la filmografía del cineasta. Además de las cintas filipinas y las películas *blaxploitation*

mencionadas, destaca el film de culto *Spider Baby or, the Maddest Story Ever Told* (1964), comedia de terror en que el actor encarnaba a uno de los integrantes caníbales de una familia

enferma. En las siguientes décadas Haig combinaría la aparición episódica en series de televisión como *Los ángeles de Charlie* (*Charlie's Angels*, 1978) o *El equipo A* (*The A-Team*, 1983) con papeles secundarios en films como *A quemarropa* (1967) de John Boorman, *THX 1138* (íd, 1971) de George Lucas o *Diamantes para la eternidad* (*Diamonds Are Forever*, 1971) de Guy Hamilton. Cansado de encarnar secuaces durante décadas, dejó momentáneamente la interpretación en 1992 y se formó como hipnoterapeuta. Aunque había sido el actor escogido para encarnar a Marsellus Wallace en *Pulp Fiction*, Haig acabó rechazando el papel por un malentendido en las condiciones contractuales. Después aceptaría la propuesta de *Jackie Brown*. Si bien su participación en la cinta sirvió para reivindicarlo, el verdadero artífice de la nueva vida cinematográfica de Haig fue Rob Zombie que desde 2001 ha hecho del actor un icono del cine de terror en cintas como *La casa de los 1000 cadáveres* (*The House of 1000 Corpses*, 2003), *Los renegados del diablo* (*The Devil's Rejects*, 2005) o *The Lords of Salem* (2012).

Haig, al lado de David Arquette, en el western Bone Tomahawk *(2015) de S. Craig Zahler.*

Don Johnson
(15/12/1949)

En *Django desencadenado* Johnson encarna al terrateniente Big Daddy a cuya propiedad llegan King y Django para dar caza a tres criminales que trabajan allí. Johnson es protagonista de una de las escenas más divertidas del film, aquella en que, como miembro del Ku Klux Klan, debate entre otros encapuchados si llevar saco o no en la cabeza en el ataque contra los dos cazarrecompensas. Finalmente, Django acaba con su vida.

¿Por qué?

Quentin Tarantino declaró ser fan de Don Johnson antes de su etapa en la serie *Corrupción en Miami* (*Miami Vice*, 1984-1990), en la que interpretaba al policía Sonny Crockett, personaje que le supuso la fama mundial. Le costó varios meses convencer al intérprete para intervenir en *Django desencadenado*, ya que no se veía en el papel.

En aquella primera etapa, Johnson había protagonizado la cinta de culto *2024: Apoca-lipsis nuclear* (*A Boy and His Dog*, 1975), dirigida por L. Q. Jones, actor habitual de Sam Peckinpah. En el film, ambientado en el 2024 en un contexto postapocalíptico, Johnson en-carnaba a un joven que mantenía comunicación telepática con su perro. En 2017 Tarantino programó la cinta en el New Beverly Cinema en sesión de medianoche.

¿Quién es?

Aunque la televisión sería el medio en el que se consagraría, Johnson inició su carrera artís-tica en el cine, donde debutó como protagonista de *The Magic Garden of Stanley Sweetheart* (1970) de Leonard J. Horn acerca de las andanzas de un universitario en medio de la re-volución sexual. Protagonizó films como el musical *Zacarías* (*Zachariah*, 1971) de George Englund, la comedia estudiantil *The Harrad Experiment* (1973) de Ted Post -en la que trabajó junto a Tippi Hedren, madre de su futura esposa Melanie Griffith- o la *road movie Return to Macon County* (1975) de Richard Compton junto a Nick Nolte. Paralelamente, realizó apariciones episódicas en series como *Kung Fu* (1973) o *Las calles de San Francisco* (*The Streets of San Francisco*, 1976). Se fue afianzando en el medio catódico a finales de aque-lla década y principios de la siguiente en series y telefilms, entre ellos *Elvis and the Beauty Queen* (1981) de Gus Trikonis donde encarnaba a Elvis Presley, hasta que le llegó la opor-tunidad de coprotagonizar la serie producida por Michael Mann. Su personaje de Crockett le valió un Globo de Oro (por encima de su compañero Philip Michael Thomas, también

En 1975 encabezó junto a Jason Robards el reparto de 2024: Apocalipsis nuclear, *un drama de ciencia ficción en el que daba vida a un joven que junto a su perro telépata intentaban sobrevivir en un mundo casi destruido tras una nueva guerra mundial.*

nominado) y una candidatura a los premios Emmy. Además, labró su relación con el género policíaco o de acción, ya que en años posteriores sería llamado para protagonizar *Tiro mortal* (*Dead Bang*, 1989) de John Frankenheimer, *Labios ardientes* (*The Hot Spot*, 1990) de Dennis Hopper, la comedia de acción *Dos duros sobre ruedas* (*Harley Davidson and the Marlboro Man*, 1991) de Simon Wincer, junto a Mickey Rourke, o el *thriller* judicial *El abogado del diablo* (*Guilty as Sin*, 1993) de Sidney Lumet. Probó otros registros en las comedias *Nacida ayer* (*Born Yesterday*, 1993) de Luis Mandoki, *remake* del clásico de George Cukor, y que protagonizó junto a su entonces esposa Melanie Griffith, o *Tin Cup* (íd, 1996) de Ron Shelton. Siguió vinculado a la televisión con series como *Nash Bridges* (1996-2001), *Just Legal* (2005-2006) o *Abierto hasta el amanecer* (2014-2015).

El gran éxito de su carrera le llegó con la serie Corrupción en Miami.

Marc Lawrence
(17/2/1910-27/11/2005)

CONEXIÓN TARANTINIANA

Lawrence aparece fugazmente como el encargado del motel en el que se hospedan los hermanos Gecko (George Clooney y Quentin Tarantino) en *Abierto hasta el amanecer*. Conserje desaliñado y octogenario, ante los insistentes timbrazos de Seth (Clooney) arrastra apenas tres frases aderezadas con improperios. También aparece en el prólogo de *Four Rooms* como el maestro del botones (Tim Roth), segmento sin director específico acreditado.

¿Por qué?

Aunque el film viene firmado por Robert Rodríguez, cuesta no asociar la triple función de Tarantino en la cinta como productor ejecutivo, guionista e intérprete, con la elección de Lawrence para este papel tan anecdótico. Si Tarantino había contado en su primera cinta como director con el protagonista de *Dillinger* (1945), Lawrence Tierney, ahora volvía a recurrir al clásico de serie B de Max Nosseck para recuperar a Marc Lawrence que allí encarnaba a uno de los miembros de la banda de Dillinger.

¿Quién es?

Su papel en *Dillinger* no fue una excepción, todo lo contrario: los papeles de mafioso, esbirro o villano predominan en una carrera de más de doscientos títulos. Los encarnó tanto en clásicos como *Cayo Largo* (*Key Largo*, 1948) o *La jungla de asfalto* (*The Asphalt Jungle*, 1950), ambas de John Huston como en producciones modestas como *Charlie Chan on Broadway* (1937) de Eugene Forde, *Rejas humanas* (*Blind Alley*, 1939) de Charles Vidor, *Lady Scarface* (1941) de Frank Woodruff o la mencionada *Dillinger*. Delator en la caza de brujas -entre otros nombró a los actores Jeff Corey y Lionel Stander como miembros del Partido Comunista al que él había pertenecido-, se marchó enseguida a Italia donde tuvo una extensa carrera también en papeles secundarios de villano en cintas como *Vacanze col gangster* (1951) de Dino Risi o *La tratta delle bianche* (1952) de Luigi Comencini. En los setenta volverá a Hollywood donde, entre otras, actuará en dos películas de la saga de James Bond: *Diamantes para la eternidad* (*Diamonds are Forever*, 1971) y *El hombre de la pistola de*

Marc Lawrence, en su fugaz aparición en Abierto hasta el amanecer, *de Robert Rodríguez.*

oro (*The Man with the Golden Gun*, 1974), ambas de Guy Hamilton. En 1991 se autoeditó sus memorias: *Long Time No See: Confessions of a Hollywood Gangster*. En el cine desde 1932 con un papel sin acreditar en *Si yo tuviera un millón* (*If I had a Million*), film de episodios dirigidos por varios realizadores, el actor neoyorquino hizo su última aparición en *Looney Tunes: De nuevo en acción* (*Looney Tunes: Back in Action*, 2003) de Joe Dante.

Franco Nero
(23/11/1941)

CONEXIÓN TARANTINIANA

En *Django desencadenado*, Nero encarna al esclavista italiano que rivaliza con Calvin Candie en una lucha de esclavos en una sala de la mansión de este. Luigi, el «negro» de Nero, muere salvajemente en la pelea. Tras la derrota, Nero, cuyo personaje no tiene nombre, se toma un vodka en la barra y mantiene una breve conversación con Django, quien le recuerda que «la D es muda», a lo que un Nero en primer plano replica «Lo sé».

¿Por qué?

Franco Nero fue el Django original en el *spaghetti western* homónimo de Sergio Corbucci. Django fue el papel que le

convirtió en una estrella, aunque ya había participado en *La Biblia* (*The Bible*, 1966) de John Huston en el breve papel de Abel. En principio Corbucci no lo quería a él, sino al americano Mark Damon con el que acababa de rodar el spaghetti *Johnny Oro* (íd, 1966). Al final le convencieron para escoger a Nero, de 23 años. Director e intérprete harían juntos dos westerns más: *Salario para matar* (*Il mercenario*, 1968) y *Los compañeros* (*Vamos a matar, compañeros*, 1970).

¿Quién es?

Más allá de las cintas con Corbucci, Nero se convertiría en uno de los rostros emblemáticos del súbgenero, Clint Eastwood aparte. Sería el protagonista de cintas como *Adiós, Texas* (*Texas, addio*, 1966) de Ferdinando Baldi, *Le colt cantarono la morte e fu... tempo di massacro* (1966) de Lucio Fulci, *¡Viva la muerte... tuya!* (*Viva la muerte... tua!*, 1971) de Duccio Tessari...

Además del *western all'italiana*, Nero ha transitado por otros géneros populares como el cine policíaco. Trabajó habitualmente con Damiano Damiani en cintas como *El día de la lechuza* (*Il giorno della civetta*, 1968), por la que obtuvo el David di Donatello -el Oscar italiano- al mejor actor, *Confesiones de un comisario* (*Confessione di un commissario di polizia al procuratore della repubblica*, 1971), *El caso está cerrado, olvídelo* (*L'istruttoria è chiusa: dimentichi,*

1971) y *¿Por qué se asesina a un magistrado?* (*Perché si uccide un magistrato*, 1975).

Sin embargo, el director con el que más ha trabajado es E. G. Castellari, reivindicado por Tarantino gracias a *Aquel maldito tren blindado*. Entre otras Castellari dirigió al intérprete en *westerns* como *Los locos del oro negro* (*Cipolla Colt*, 1975) o *Keoma* (íd, 1976), en policíacos como *La policía detiene, la ley juzga* (*La polizia incrimina, la legge assolve*, 1973) o *El día del Cobra* (*Il giorno del Cobra*, 1980)

y en cintas de aventuras como *El cazador de tiburones* (*Il cacciatore di squali*, 1979).

Estrella del cine de género en Italia en los sesenta y setenta, tuvo menos suerte en su carrera internacional. Su papel más importante en Hollywood fue el de Lancelot en *Camelot* (íd, 1967) de Joshua Logan, pero el film fue un fracaso. En el cine europeo destacan sus colaboraciones con Luis Buñuel en *Tristana* (1970) y con Rainer Werner Fassbinder en *Querelle* (íd, 1982), en lo que supuso un cambio de registro radical en el papel de un teniente enamorado de un marinero. Posteriormente, su carrera fue decayendo no en número de films, pero sí en calidad. Tras su cameo en *Django desencadenado* continuó su prolífica carrera en cintas menores con excepciones como su pequeño papel en *Z, la ciudad perdida* (*The Lost City of Z*, 2016) de James Gray.

En la página anterior, su papel más importante en Hollywood fue el de Lancelot en Camelot, *de Joshua Logan.*

Django versus Django.

Bo Svenson
(13/2/1941)

CONEXIÓN TARANTINIANA

Svenson aparece en *Kill Bill, Vol.2*, en el breve papel del sacerdote que va a oficiar la boda de Beatrix. Más tarde, tendrá una fugaz intervención en *Malditos bastardos*, como el coronel americano que aparece en la película *El orgullo de la nación* justo en el momento que Donowitz (Eli Roth) sale de la sala para vigilar a Hitler. En el DVD del film de Tarantino se puede ver la filmación completa de cinco minutos de la falsa producción germana. En ella, Svenson aparece en dos ocasiones, ambas con evidente sentido del humor: contando las bajas del ejército americano y alegando motivos culturales para negarse a la destrucción de la torre desde la que el valeroso Zoller les está aniquilando.

¿Por qué?

Svenson es el protagonista de *Aquel maldito tren blindado*, la cinta de Castellari idolatrada por Tarantino y que se encuentra en la base del proyecto de *Malditos bastardos*.

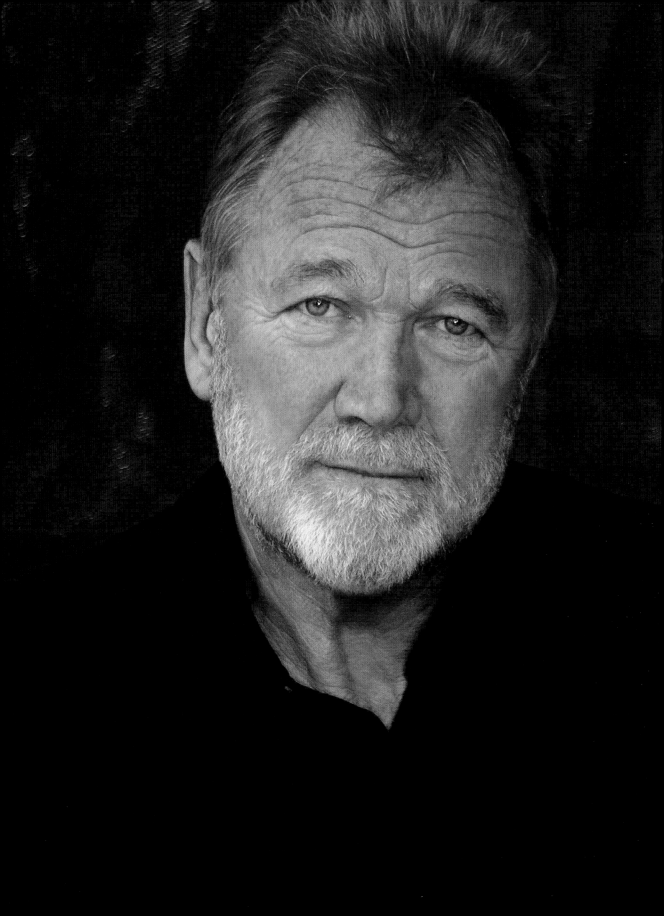

LOS ACTORES DE TARANTINO

¿Quién es?

Sueco de nacimiento, sirvió en la marina estadounidense durante seis años. Se inició en la televisión americana en la década de los sesenta en papeles episódicos de series como *Flipper* (1965), *El gran Chaparral* (*The High Chaparral*, 1969), *El virginiano* (*The Virginian*, 1970) o *Banyon* (1972). Coronó esa primera etapa televisiva encarnando a la Criatura del Dr. Frankenstein de Mary Shelley en dos capítulos de la serie de antología de terror *The Wide World of Mistery* (1973) que le hizo destacar. Ese mismo año debuta en cine como coprotagonista del drama deportivo *Maurie* (1973) de Daniel Mann. Comienza ahí su etapa cinematográfica más destacable, pero sin llegar a consolidarse. Rival de Robert Redford en *El carnaval de las águilas* (*The Great Waldo Pepper*, 1975) de George Roy Hill, fue protagonista del drama criminal canadiense *Explosión de violencia* (*Breaking Point*, 1976) de Bob Clark donde encar-

Con Quentin Tarantino en el rodaje de Kill Bill, *Vol. 2.*

naba a un hombre perseguido por la Mafia. Además, recogió el papel de policía protagonista que había desempeñado Joe Don Baker en la cinta de acción *Pisando fuerte* (*Walking Tall*, 1973) de Phil Karlson y lo interpretó en dos secuelas – *Walking Tall Part II* (1975) de Earl Bellamy y *Final Chapter: Walking Tall* (1977) de Jack Starrett- y una serie (1981).

Su participación en el *macaroni combat* de Castellari en 1978 inicia su contacto con el cine italiano en el que realizará varias películas menores como la comedia *El hijo del árabe* (*Il figlio dello sceicco*, 1978) de Bruno Corbucci o las cintas de acción *Thunder, policía sin ley* (*Thunder*, 1983), *Impatto mortale* (1984) o *Cane arrabbiato* (1984), las tres de Larry Ludman, seudónimo del romano Fabrizio de Angelis. Con excepciones como *El sargento de hierro* (*Heartbreak Ridge*, 1986) de Clint Eastwood, la carrera de Svenson se desarrolla en películas criminales o de acción de escasa relevancia, algunas dirigidas por Fred Williamson, compañero suyo en el film de Castellari: *Soda Cracker* (1989) o *Steele's Law* (1991). Sus dos colaboraciones con Tarantino no modificaron el curso de su carrera, pero lo dieron a conocer a nuevas generaciones como el protagonista de un film ya de culto por obra y gracia de Quentin.

Don Stroud
(1/11/1943)

En *Django desencadenado*, Stroud interviene en un breve papel como el sheriff de Daughtrey, abatido por el cazarrecompensas Schultz nada más llegar al pueblo, ya que, en realidad, se trata de un ladrón de ganado.

¿Por qué?

Stroud fue el protagonista de *Angel Unchained* (1970) de Lee Madden, película de moteros que inspiró el título del film de Tarantino. La cinta, western moderno que cambiaba los

caballos por motos y en el que vaqueros inhóspitos y tradicionales amenazaban la tranquilidad de una comuna de hippies que labraban la tierra, presentaba a Stroud como el forastero motorizado que llamaba a su antigua banda para, cuales 7 magníficos, restituir la paz y enseñar al grupo de jóvenes inofensivos a defenderse. En la cinta aparecía en un pequeño rol de sheriff, Aldo Ray, actor reivindicado por Tarantino y que en parte prestaba su nombre al personaje encarnado por Brad Pitt en *Malditos bastardos*.

¿Quién es?

Pese al papel benefactor de Stroud en *Angel Unchained*, el intérprete, de figura corpulenta y rostro duro, se ha caracterizado a lo largo de su carrera por encarnar a villanos y tipos temibles. Uno de sus primeros y más célebres fuera-de-la-ley fue el fugitivo al que daba caza Clint Eastwood en *La jungla humana* (*Coogan's Bluff*, 1968) de Don Siegel. El mismo año de *Angel* se metía en la piel de uno de los hijos de la *Mamá sangrienta* (*Bloody Mama*, 1970) de Roger Corman. Pese a la popularidad que le hizo posar desnudo para *Playgirl* en 1973, no gozó de papeles protagonistas.

Hawaiano de nacimiento, su primer trabajo en la industria fue como doble del actor Troy Donahue en las escenas surferas de la serie *Intriga en Hawai* (*Hawaiian Eye*, 1961-1962), experiencia que le llevó a probar suerte en la interpretación y a trasladarse a Los Ángeles. Allí, entre otros trabajos, fue el encargado de un popular local por el que pasaban artistas célebres. Consiguió agente gracias a Sidney Poitier. En los 70, además de películas como *Joe Kidd* (íd, 1972 de John Sturges, donde encarnaba a un matón, o *Terror en Amityville* (*The Amityville Horror*, 1979) de Stuart Rosenberg, participaría en películas muy cercanas al gusto tarantiniano como la *blaxploitation Masacre* (*Slaughter's Big Rip-Off*, 1973) de Gordon Douglas, en otro papel de asesino, o *Fin de semana sangriento* (*Death Weekend*, 1976) de William

Fruet, en la que interpretaba al líder de la pandilla que acosaba y violaba a la protagonista. Su último papel destacado fue el mafioso de *Perdita Durango* (1997) de Álex de la Iglesia. Con el cambio de siglo, su actividad interpretativa se reduciría mucho y *Django desencadenado* es, hasta el momento, su último largometraje.

Activo también en el campo televisivo, uno de sus personajes más recordados fue el de el capitán de policía de la serie *Mike Hammer* (*The New Mike Hammer*, 1984-1989). Además, en el telefilm *Gidget's Summer Reunion* (1985) de Bruce Bilson y la *sitcom The New Gidget* (1987), Stroud encarnó al personaje The Great Kahuna, original de la novela *Gidget* (1957) de Frederick Kohner, de la que derivaron diversas películas y series de ámbito surfero. De ahí, el nombre de la cadena de hamburgueserías tarantiniana Big Kahuna.

Russ Tamblyn
(30/12/1934)

Tiene una aparición fugaz en *Django desencadenado*. Encarna a un médico que sale de la consulta con una paciente y se sorprende con la llegada de Django y Schultz al pueblo de Daughtrey. Pocos segundos más tarde, la cámara muestra a una mujer tras una ventana siguiendo con la mirada a los forasteros. Se trata de Amber Tamblyn (14/5/1983), hija de

Russ y amiga del cineasta que más tarde representaría el personaje de Daisy Domergue de *Los odiosos ocho* en la lectura pública del guion que se hizo tras la filtración en internet.

Tamblyn aparece acreditado como *Son of a Gunfighter*. Esto es guiño cinéfilo a un modesto western protagonizado por el actor: *El hijo del pistolero* (*Son of a Gunfighter*, 1965) de Paul Landres, coproducción hispanoamericana en la que Fernando Rey tenía un papel secundario como mexicano y en que Tamblyn era un joven pistolero en busca de venganza por la muerte de su madre. Además, el personaje de Amber Tamblyn aparece listado como Daughter of Son of a Gunfighter (Hija de un hijo de un pistolero). Fue a la actriz a quien se le ocurrió la idea de los créditos.

Son dos los personajes que hacen de Russ Tamblyn un actor emblemático del cine y la televisión y ninguno de ellos pertenece al género del western, aunque su carrera está ligada a él. En *West Side Story* (íd, 1961) de Robert Wise y Jerome Robbins, trasunto musical del *Romeo y Julieta* shakesperiano, encarnaba al amigo del protagonista; y en la serie *Twin Peaks*, de David Lynch y Mark Frost, interpretó al misterioso Doctor Jacoby, tanto en la etapa inicial (1989-1991) como en la segunda (2017).

Se inició en el cine en su adolescencia en films como *Sansón y Dalila* (*Samson and Delilah*, 1949) de Cecil B. DeMille o *El padre de la novia* (*Father of the Bride*, 1950) de Vincente Minnelli, en los que aparecía acreditado como Rusty. De figura menuda y bailarín habilidoso, Tamblyn mostró sus excelentes aptitudes en el papel del benjamín de otro musical clásico, *Siete novias para siete hermanos* (*Seven Brides for Seven Brothers*, 1954) de Stanley Donen. Pese a estar nominado al Oscar como actor secundario por el drama *Vidas borrascosas* (*Peyton Place*, 1957) de Mark Robson, sería el western el género que dominase en su juventud con cintas como *La última caza* (*The Last Hunt*, 1956) de Richard Brooks, *Cimarrón* (*Cimarron*, 1960) de Anthony Mann o *La conquista del Oeste* (*How the West Was Won*, 1962) de John Ford, Henry Hathaway y George Marshall. Posteriormente, su carrera se desarrollaría en films menores, habitualmente cintas de terror o acción como *Dracula vs. Frankenstein* (1971) o *Black Heat* (1976) ambas de Al Adamson o *Commando Squad* (1987) de Fred Olen Ray. Como excepción, y antes de su colaboración con Tarantino, participó en un papel secundario en *Drive* (íd, 2011) de Nicolas Winding Refn.

Por su parte, su hija Amber, protagonista de la serie *Joan de Arcadia* (*Joan of Arcadia*, 2003-2005), que le valió una nominación al Emmy, obtuvo el premio a la mejor actriz del Festival de Locarno por la producción independiente *Stephanie Daley* (2006) de Hilary Brougher. Sin apenas papeles protagonistas en cine, ha aparecido como secundaria en *La señal* (*The Ring*, 2002) de Gore Verbinski o *127 horas* (*127 Hours*, 2010) de Danny Boyle.

Rod Taylor
(11/1/1930-7/1/2015)

CONEXIÓN TARANTINIANA

El australiano Rod Taylor protagonizó Los pájaros *(1962), de Alfred Hitchcock, junto a Tippi Hedren.*

Rod Taylor encarnó a Winston Churchill en la escena de *Malditos Bastardos* en que el general Fenech (Mike Myers) encarga la misión al teniente Hicox (Michael Fassbender). Taylor permanece sentado durante los cinco minutos de escena caracterizado genuinamente como el entonces primer ministro británico -traje y puro- y solo deja oír su voz rugosa en apenas tres frases.

¿Por qué?

Taylor fue el protagonista de uno de los grandes referentes que utilizó Tarantino en su película bélica: *Último tren a Katanga* (*The Mercenaries*, 1968) de Jack Cardiff en la que encarnaba a un mercenario encargado de organizar un equipo para una misión en el Congo en busca de unos diamantes.

Con Jane Fonda en la comedia Un domingo en Nueva York *(Sunday in New York, 1963) de Peter Tewksbury.*

Taylor con Claudia
Cardinale en Los
héroes están muertos
(1968) de Joseph
Sargent.

El tiempo en sus
manos (1960) de
George Pal, adaptación
del clásico de H. G.
Wells, La máquina del
tiempo.

Malditos Bastardos fue la última película del australiano Rod Taylor que, tras una breve carrera en su país, había iniciado carrera hollywoodiense en la cinta histórica *El favorito de la reina* (*The Virgin Queen*, 1955) de Henry Koster. Secundario en films como *Gigante* (*Giant*, 1956) de George Stevens, *El árbol de la vida* (*Raintree County*, 1957) de Edward Dmytryk o *Mesas separadas* (*Separate Tables*, 1958) de Delbert Mann, en la siguiente década encabezaría el cartel de films emblemáticos como *El tiempo en sus manos* (*The Time Machine*, 1960) de George Pal o *Los pájaros* (*The Birds*, 1963) de Alfred Hitchcock. Corpulento, de rostro férreo, fue también eficaz protagonista de otras cintas de género como el western *Chuka* (íd, 1967) de Gordon Douglas, la bélica *Los héroes están muertos* (*The Hell with Heroes*, 1968) de Joseph Sargent, el *thriller Nadie huye eternamente* (*Nobody Runs Forever*, 1968) de Ralph Thomas o el mencionado film de aventuras de Cardiff. Su estela se iría apagando progresivamente en las siguientes décadas -llegó a protagonizar la española *Marbella, un golpe de cinco estrellas* (1985) de Miguel Hermoso- y participó regularmente en series como *Falcon Crest* en los ochenta o *Walker, Texas Ranger* en los noventa. Su cinta antes de *Malditos bastardos* había sido *Kaw, venganza animal* (*Kaw*, 2007) de Sheldon Wilson, sobre un pueblo que era atacado por cuervos.

Christopher Walken
(31/3/1943)

Walken tiene una aparición breve pero recordada en *Pulp Fiction*. Como Capitán Koons, compañero del padre de Butch (Bruce Willis) en un campo de prisioneros de Hanoi durante la guerra de Vietnam, es el encargado de entregarle al pequeño Butch el reloj de oro de su padre tras la muerte de este. En un monólogo de cinco minutos, Koons le cuenta al niño la historia del objeto: comprado en Knoxville (ciudad natal de Tarantino) por su bisabuelo, ha pasado de generación en generación y de guerra en guerra hasta llegar a él después de que su padre lo ocultara durante cinco años en su ano (más otros dos en el de Koons).

Anteriormente, Walken había rechazado participar en *Reservoir Dogs*. Sin embargo, un año más tarde intervendría en *Amor a quemarropa* en tan solo una escena, también muy alabada cuando se estrenó el film: la muerte del padre de Clarence (Dennis Hopper) tras un diálogo tarantiniano con el mafioso Coccotti (Walken) al que quiere convencer de que los sicilianos fueron engendrados por negros.

¿Por qué?

La historia que cuenta el capitán Koons es una alusión irreverente a la película que consagró a Walken, *El cazador* (*The Deer Hunter*, 1978) de Michael Cimino. En ella encarnaba a un soldado traumatizado por su paso en la guerra de Vietnam donde había sido obligado a jugar a la ruleta rusa en un campo de prisioneros. Walken ganó el Oscar al mejor actor secundario por su interpretación.

¿Quién es?

Uno de los actores más venerados del Hollywood actual. Su escena en *Pulp Fiction* ejemplifica la ambivalencia en la que se ha movido su filmografía, la ironía y el temor que provoca su figura imponente. Actor solicitado para comedias como *Buscando a Eva* (*Blast from the Past*, 1999) de Hugh Wilson, *Hairspray* (íd, 2007) de Adam Shankman o *Siete vidas, este gato es un peligro* (*Nine Lives*, 2016) de Barry Sonnenfeld, el género más asociado a él es el *thriller*. Protagonista de *La zona muerta* (1983) de David Cronenberg, basada en la novela de Stephen King, o *El rey de Nueva York* (*King of New York*, 1990) de Abel Ferrara y villano en el Bond *Panorama para matar* (*A View to a Kill*, 1985) de John Glen y en el western *La puerta del cielo* (*Heaven's Gate*, 1980) de Michael Cimino, fue un rostro habitual de *thrillers* o comedias negras surgidas en los años posteriores a *Reservoir* y *Pulp*. Así, desempeñó papeles de mafioso en cintas como *Cosas que hacer en Denver cuando estás muerto*

(*Things to Do in Denver When You're Dead*, 1995) de Gary Fleder, *El funeral* (*The Funeral*, 1996) de Ferrara, *Suicide Kings* (íd, 1997) de Peter O'Fallon o *Mafioso a la fuerza* (*Kiss Toledo Goodbye*, 1999) de Lyndon Chubbuck. Más adelante se sumarían films como *Matar al irlandés* (*Kill the Irishman*, 2011) de Jonathan Hensleigh, *Siete psicópatas* (*Seven Psychopaths*, 2012) de Martin McDonagh o *Tipos legales* (*Stand Up Guys*, 2012) de Fisher Stevens.

Sus aptitudes para el baile derivadas de su formación artística lo llevaron a participar en musicales de Broadway en los años sesenta. En el audiovisual han pasado más desapercibidas a excepción de en *Dinero caído del cielo* (*Pennies from Heaven*, 1981) de Herbert Ross o en el videoclip de la canción *Weapon of Choice* (2001) de Fatboy Slim.

Tres muestras de la figura magnética de Walken. En medio, su irónica interpretación del capitán Koons en Pulp Fiction.

Zoë Bell
(17/11/1978)

CONEXIÓN TARANTINIANA

Como actriz, Bell apareció por primera vez en una película de Tarantino en *Death Proof* con un papel destacado en que se encarnaba a sí misma, una especialista de escenas de acción. Apareció más tarde de manera anecdótica y con la cara tapada por un pañuelo en *Django desencadenado*. Más papel tuvo en *Los odiosos ocho*, en la que era Judy Seis Caballos. Por otra parte, Bell ha desempeñado otra actividad en las películas del director. Como doble de acción, su profesión original, Bell entró en contacto con el mundo tarantiniano siendo la doble de Uma Thurman en el díptico *Kill Bill*. También desempeñó esa faceta, por partida doble, en *Malditos bastardos*, siéndolo tanto de Mélanie Laurent como de Diane Kruger. En *Once Upon a Time in Hollywood* está acreditada tanto como actriz como coordinadora de los especialistas de acción.

Lazos de sangre

Profesionalmente Tarantino es su padre. Zoë Bell es el único intérprete nacido del universo Tarantino. Sin la presencia del director de *Pulp Fiction*, muy probablemente Bell seguiría siendo solamente *stuntwoman*, especialidad en la que esta neozelandesa se inició a finales de los noventa como doble de Lucy Lawless, protagonista de la serie *Xena: la princesa guerrera* (*Xena: Warrior Princess*, 1995-2001). En adelante, sería la doble de actrices como Sharon Stone en *Catwoman* (íd, 2004) de Pitof, Sandra Bullock en *La proposición* (*The Proposal*, 2009) de Anne Fletcher o Cate Blanchett en *Thor: Ragnarok* (2017) de Taika Waititi. Su labor en *Kill Bill*, posibilitó el cambio de registro profesional. Así, en *Death Proof* regaló la mejor secuencia de la película en la que, pegada al capó de un coche, sufría las embestidas de Stuntman Mike.

A partir de entonces, Bell ha desarrollado una carrera paralela como actriz protagonista principalmente en cintas de acción poco conocidas como *El ángel de la muerte* (*Angel of Death*, 2009) de Ed Brubaker, *Raze* (2013) y *Camino* (2015) ambas de Josh C. Waller, y la segunda interpretada junto a Nacho Vigalondo. Además, más allá de su trabajo en los films de Tarantino, destaca su participación en el drama deportivo *Roller Girls* (*Whip It*, 2009), debut en la dirección de Drew Barrymore, *Hansel y Gretel: Cazadores de brujas* (*Hansel & Gretel: Witch Hunters*, 2013) de Tommy Wirkola y la cinta de ciencia-ficción *Oblivion* (2013) de Joseph Kosinski, junto a Tom Cruise.

Bruce Dern
(4/6/1936)

Bruce Dern ha aparecido en tres films de Tarantino y en papeles cada vez de mayor importancia. Primero en *Django desencadenado* aparecía apenas dos minutos como un temido terrateniente; después tuvo el honor de ser uno de *Los odiosos ocho*, en el papel de un militar sudista apoltronado de pocas palabras y cara de perro. Finalmente, en *Once Upon a Time in Hollywood*, al reemplazar a Burt Reynolds tras el fallecimiento de este, encarna al propietario de la casa donde se alojaba Manson.

Lazos de sangre

Por su primera aparición en la filmografía de Tarantino se hubiera dicho que la presencia del veterano Dern en *Django desencadenado* estaba destinada -como la de Russ Tamblyn en el mismo film- a ser uno de esos homenajes a actores del pasado, un guiño al cinéfilo nostálgico, sin aparente continuidad en cintas posteriores. Sin embargo, su intervención consecutiva en los tres últimos films del cineasta (de momento) dotan de un cariz distinto a dicha colaboración, más aún cuando ha sido el encargado de sustituir en la tercera a Burt Reynolds, actor de figura tan presente en la juventud del director.

Quentin Tarantino se ha decantado por Bruce Dern para reemplazar al fallecido Burt Reynolds en Once Upon a Time in Hollywood.

En la filmografía de Dern, alumno del Actor's Studio, se dan cita los últimos coletazos del cine clásico -fue el protagonista de la última cinta de Hitchcock, *La trama* (*Family Plot*, 1976)- y las postreras muestras del western, como *El más valiente entre mil* (*Will Penny*, 1967) de Tom Gries o *Los cowboys* (*The Cowboys*, 1972) de Mark Rydell, en la que su personaje mataba al héroe por antonomasia del género, John Wayne. Pero también coexisten en ella el cine independiente y la factoría Corman -intervino en cuatro cintas del cineasta- y el Nuevo Hollywood, etapa de renovación de los estudios a partir de la confianza en nuevos directores como Coppola o Scorsese. En el caso de Dern, trabajó en *El regreso* (*Coming Home*, 1978) de Hal Ashby por la que consiguió su primera candidatura al Oscar.

Padre de la actriz Laura Dern y trabajador incansable con sus más de ochenta años en producciones de todo tipo, una de sus últimas interpretaciones destacadas la realizó bajo las órdenes de Alexander Payne en *Nebraska* (2013) por la que obtuvo el premio de interpretación en el Festival de Cannes y su segunda (y última hasta el momento) candidatura a los Oscar.

Samuel L. Jackson
(21/12/1948)

Son seis las apariciones de este actor afroamericano en films dirigidos por Tarantino, a las que hay que añadir su participación como traficante de drogas en *Amor a quemarropa*. Poco después del film de Tony Scott haría su gran irrupción en el mundo tarantiniano como Jules Winnfield en *Pulp Fiction*. A partir de ahí desempeñaría varios roles de importancia diversa: protagonista en *Jackie Brown* y *Los odiosos ocho*, secundario destacado en *Django desencadenado* como el criado Steven -en palabras del propio Jackson, «el negro más despreciable de la historia del cine»-, narrador en *Malditos bastardos* y un cameo en *Kill Bill. Vol 2* como el pianista de la boda frustrada de la protagonista.

Lazos de sangre

En diversas ocasiones, el director ha expresado su vinculación con la cultura negra desde su infancia, lo que se ha plasmado cinematográficamente a través de su pasión por las *blaxploitation movies*. Samuel L. Jackson representa esa conexión directa del realizador con la cultura negra. Es el actor con el que más ha trabajado, aunque en ocasiones haya sido en papeles mínimos, lo que refuerza el sentido de camaradería.

Jackson se había presentado ya al *casting* de *Reservoir Dogs,* pero no fue elegido. En una entrevista con Jimmy Fallon, el intérprete dio a entender que a raíz de aquella prueba Tarantino había escrito para él

el personaje de Jules de *Pulp Fiction*. Sin embargo, la historia más difundida es que la prueba de Jackson no fue satisfactoria y que el actor escogido era el portorriqueño Paul Calderon, pero que la insistencia de Jackson en una segunda prueba y el resultado extremadamente convincente de esta le adjudicaron definitivamente el rol. Calderon acabó haciendo de barman del local de Marsellus y apareció también en el episodio de *Four Rooms* dirigido por Tarantino como el jugador que arriesga su mano.

Jules sigue siendo uno de los personajes icónicos del actor y le proporcionó su única candidatura al Oscar hasta el momento. Paradójicamente, Jackson es uno de los actores emblemáticos de dos directores enfrentados: Tarantino y Spike Lee. Aunque Lee había declarado su admiración por *Pulp Fiction* y Tarantino llegó a intervenir en un cameo en *Girl 6* (1996), el uso reiterado de la palabra despectiva *nigger* (negrata) en la filmografía del cineasta de Knoxville

ha provocado diversos enfrentamientos dialécticos entre ambos. Y si bien Denzel Washington, otro actor icónico en la carrera de Lee e intérprete de *Marea Roja* (1995) de Tony Scott, film en el que Tarantino reescribió algunos diálogos, mostró vehementemente en el rodaje su disconformidad con el cineasta por ese mismo tema, Jackson siempre ha defendido al director de *Django desencadenado*.

Así, el estrellato le llegó a este actor cuando se acercaba al medio siglo de vida. Antes, precisamente había destacado en papeles secundarios en films de Spike Lee como *Haz lo que debas* (*Do the Right Thing*, 1989), *Cuánto*

más, ¡mejor! (*Mo' Better Blues*, 1990) y, sobre todo, *Fiebre salvaje* (*Jungle Fever*, 1991) por la que obtuvo un insólito premio al mejor actor secundario en el Festival de Cannes. Poco después irrumpió Tarantino en su vida profesional y no volvió a trabajar con Lee hasta 25 años más tarde, en *Oldboy* (íd, 2013) y *Chi-Raq* (2015). Más allá del trabajo con estos dos cineastas, Jackson se ha consolidado, sobre todo, como actor de *blockbusters* como *El protegido* (*Unbreakable*, 2000) de M. Night Shyamalan o *Kingsman: Servicio secreto* (*Kingsman: The Secret Service*, 2014) de Matthew Vaughn y franquicias como las de *Star Wars*, *xXx*, o, especialmente, el mundo de superhéroes Marvel cuyo personaje Nick Fury, encarnado por Jackson, es el aglutinador de Thor, Iron Man, Capitán América y otros salvadores del universo. La identificación de Jackson con Fury ha sido tal que el personaje ha sido remodelado en *Ultimate Marvel* con las facciones del intérprete.

En 1999 Jackson se sumó al universo Star Wars *desempeñando un personaje de reparto en el Episodio 1,* La amenaza fantasma, *de George Lucas.*

Harvey Keitel
(13/5/1939)

Keitel fue el Sr. Blanco de *Reservoir Dogs*, además de coproductor de la cinta. En *Pulp Fiction* pasó a tener un papel secundario, pero perdurable en la memoria de los espectadores: Sr. Lobo. Este personaje estaba inspirado en otro de la francesa *Nikita* (íd, 1989) de Luc Besson, interpretado por Jean Reno y encarnado por el propio Keitel en el *remake* americano, *La asesina* (*Point of No Return*, 1993) de John Badham.

Aunque no ha vuelto a aparecer físicamente en ninguna otra cinta del director, su voz se oye en *Malditos bastardos* como el oficial que acepta negociar con el coronel Landa. Además, tenía un papel importante en *Abierto hasta el amanecer* como el sacerdote con crisis de fe

retenido por los hermanos Gecko. Cineasta y actor coincidieron también en *Alguien a quien amar* (*Somebody to Love*, 1994), de Alexandre Rockwell, protagonizada por Keitel y en la que Tarantino tenía un pequeño papel como barman. Años más tarde ambos aparecieron en papeles secundarios en *Little Nicky* (íd, 2000) de Steven Brill, comedia al servicio de Adam Sandler.

Lazos familiares

En una entrevista con Lisa Kennedy en 1994, Tarantino confesó que para él Keitel era el padre que nunca había tenido. Tony Tarantino abandonó a su esposa, una adolescente, poco después de casarse y antes de saber que la chica estaba embarazada. Connie tenía 16 años, cinco menos que Tony, cuando nació Quentin. Más tarde se casaría con Curt Zastoupil que hizo las veces de padre del niño hasta el punto que durante un tiempo legalmente su nombre fue Quentin Zastoupil. Tony Tarantino, a su vez, fue un padre ausente que, en cambio, resurgió cuando su hijo adquirió notoriedad.

Por su parte Keitel fue un motor importante para la realización de *Reservoir Dogs*. El suyo era uno de los nombres de actores que el productor Richard N. Gladstein había puesto encima de la mesa como condición para invertir en el film. Los otros dos eran Christopher Walken y Dennis Hopper. A través de una amiga común de Lawrence Bender y Keitel le llegó el guion al actor, cuyo entusiasmo por el libreto fue instantáneo hasta el punto de participar como coproductor.

En Pulp Fiction,
Keitel pasó a tener un
papel secundario, pero
perdurable en la memoria
de los espectadores,
el del Sr. Lobo.

El encuentro con Tarantino coincidía con un momento dulce de reactivación de su carrera. Acababa de rodar *Thelma y Louise* (*Thelma & Louise*, 1991) de Ridley Scott y *Bugsy* (1991) de Barry Levinson, que supondría su única nominación a los Oscar, y después de *Reservoir*, a finales de 1991, se pondría a las órdenes de Abel Ferrara para protagonizar *Teniente corrupto* (*Bad Lieutenant*, 1992), uno de los personajes más recordados de su filmografía. Sin embargo, llevaba cerca de una década errática combinando rodajes en Europa -la española *El caballero del dragón* (1985) de Fernando Colomo o la italiana *Camorra: contacto en Nápoles* (*Un complicato intrigo di donne, vicoli e delitti*, 1985) de Lina Wertmüller- con comedias americanas -*Dos tipos geniales* (*Wise Guys*, 1986) de Brian de Palma, *El cazachicas* (*The Pick-Up Artist*, 1987) de James Toback o *El asesino del calendario* (1989) de Pat O'Connor- que poco tenían que ver con sus inicios al lado de Martin Scorsese.

Keitel había debutado en el cine como protagonista del primer largometraje que dirigió Scorsese -*Who's That Knocking at My Door?* (1967)- y había trabajado con él en títulos emblemáticos como *Malas calles* (*Mean Streets*, 1973) o *Taxi Driver* (íd, 1976). Otros títulos destacados de aquella primera etapa habían sido *Buffalo Bill y los indios* (*Buffalo Bill and the Indians, or Sitting Bull's History Lesson*, 1976) de Robert Altman o *Los duelistas* (*The Duellists*, 1977), el debut de Ridley Scott, del que fue protagonista.

La doble colaboración con Tarantino reforzó la identificación de Keitel con el género negro, que ya se había ido dando tímidamente en films como *Pensamientos mortales* (*Mortal Thoughts*, 1991) de Alan Rudolph o *Los dos Jakes* (*The Two Jakes*, 1990) de Jack Nicholson, segunda parte del clásico *Chinatown* (íd, 1974) de Roman Polanski. En los noventa Keitel vivió una segunda etapa brillante en la que se afianzaba su apuesta por el cine de autor, los proyectos arriesgados y el cine independiente tan en boga en aquella década. Así, coprotagonizó *El piano* (*The Piano*, 1993) de la neozelandesa Jane Campion, ganadora de la Palma de Oro de Cannes 1993, y se puso al frente de la compleja *La mirada de Ulises* (*To vlemma tou Odyssea*, 1995) del griego Theo Angelopoulos. A su vez, se posicionaba como garante del cine independiente de calidad con, además de los films tarantinianos, el fenómeno *Smoke* (íd, 1995) de Wayne Wang, con guion del novelista Paul Auster, a la que siguió una secuela dirigida por Wang y Auster, *Blue in the Face* (1995).

No dejó tampoco de transitar el cine comercial como la cinta de acción submarina *U-571* (íd, 2000) de Jonathan Mostow o el *thriller El dragón rojo* (*Red Dragon*, 2002) de Brett Ratner o la comedia *Be Cool* (íd, 2005), de F. Gary Gray, continuación de la tarantinesca *Cómo conquistar Hollywood* (*Get Shorty*, 1995) de Barry Sonnenfeld. Sin embargo, la tendencia a

La juventud *(Youth, 2015) fue dirigida por el italiano Paolo Sorrentino tras la aclamada* La gran belleza *(2013). En la imagen, con Michael Caine.*

Keitel, frente a Brenda Blethyn y Forest Whitaker, en Tras la pista del enemigo *(Two Men in Town, 2014), de Rachid Bouchareb, remake del film francés* Dos hombres en la ciudad *(Deux hommes dans la ville, 1973) de José Giovanni.*

trabajar con cineastas extranjeros le llevaba a colaborar con el vietnamita Tony Bui en *Tres estaciones* (*Three Seasons*, 1999), el húngaro István Szabó en la coproducción europea *Taking Sides* (2001), el español Gerardo Herrero en *El misterio Galíndez* (2003) o el italiano Paolo Sorrentino en *La juventud* (*Youth*, 2015). En los últimos años, a falta de colaboraciones de entidad con Tarantino, se ha convertido en una figura asociada al mundo de Wes Anderson: apareció en *Moonrise Kingdom* (íd, 2012) y *El gran hotel Budapest* (*The Grand Budapest Hotel*, 2014) y ponía la voz a uno de los personajes de la cinta de animación *Isla de perros* (*Isle of Dogs*, 2018). En 2019 regresa a sus inicios y vuelve a colaborar con Martin Scorsese en *El irlandés* (*The Irishman*, 2019), junto a Robert de Niro, Al Pacino y Joe Pesci, treinta años después de su último trabajo con el director, *La última tentación de Cristo* (*The Last Temptation of Christ*, 1988).

Michael Madsen
(25/9/1957)

La escena de la tortura de Reservoir Dogs *es la más importante de la filmografía de Michael Madsen.*

Conexión tarantiniana

Hasta el momento, Madsen, hermano mayor de la actriz Virginia Madsen, se ha especializado en la filmografía tarantiniana, en encarnar a asesinos. Fue el más sanguinario de los *Reservoir Dogs* y, más tarde, uno de los miembros de la Deadly Viper Assassination Squad de *Kill Bill* y uno de *Los odiosos ocho*. Además, está acreditada su participación en *Once Upon a Time in Hollywood*.

Por otra parte, Madsen ha intervenido en producciones relacionadas de alguna manera con Tarantino como *Sin City* (íd, 2005) de Robert Rodríguez y Frank Miller, en la que Tarantino dirigió una escena sin acreditar, y la cinta de acción *Hell Ride* (2008) de Larry Bishop, en la que el cineasta ejerció de productor ejecutivo.

Lazos de sangre

Michael Madsen podría considerarse cinematográficamente como un hermano mayor de Tarantino al que ve poco, pero cuyo reencuentro es esperado por ambos, especialmente por el actor. Madsen se inició en cine en los años ochenta y trabajó en papeles secundarios con importantes directores de la época como John Badham en *Juegos de guerra* (*War Games*, 1983), Barry Levinson en *El mejor* (*The Natural*, 1984), Oliver Stone en *The Doors* (íd, 1991) o Ridley Scott en *Thelma & Louise* (íd, 1991). El actor llegó al *casting* de *Reservoir Dogs* a través de Monte Hellman, productor ejecutivo del film con el que había trabajado en la co-producción hispanoamericana *La iguana* (1988). Su prueba para el Sr. Rubio fue definitiva. Su baile en la secuencia de la tortura apuntaló una de las escenas más emblemáticas de la carrera del director y la más importante del actor.

Encantado con su interpretación, Tarantino quiso continuar trabajando con él y le propuso ser Vincent Vega, hermano de su personaje de *Reservoir Dogs*, pero en el peor error de su carrera -reconocido por él mismo- lo rechazó al haberse comprometido con *Wyatt Earp* (íd, 1994) de Lawrence Kasdan. En esa década participó todavía en films destacados como *Donnie Brasco* (íd, 1997) de Mike Newell o los éxitos de taquilla *¡Liberad a Willy!* (*Free Willy*, 1993) de Simon Wincer, *Species: Especie mortal* (*Species*, 1995) de Roger Donaldson o el film Bond *Muere otro día* (*Die Another Day*, 2002) de Lee Tamahori.

Desde entonces sus colaboraciones con Tarantino son islas en una carrera cercana a los 300 títulos, la mayoría de ellos productos intrascendentes y olvidables de directores desconocidos y de distribución limitada. En un perfil contrario al de los personajes que suele interpretar, Madsen ha publicado diversos poemarios.

Michael Parks
(24/4/1940-9/5/2017)

Michael Parks es el actor con el que más ha jugado Tarantino. Lo ha desdoblado, lo ha matado, lo ha resucitado y le ha dado vidas paralelas. En el mundo tarantiniano Parks viene asociado mayoritariamente al *ranger* Earl McGraw, personaje que ha encarnado en diversas ocasiones. Por primera vez apareció en *Abierto hasta el amanecer*, guionizada por Tarantino, pero dirigida por Robert Rodríguez. Además, en ella el personaje moría, lo que no fue obstáculo para que Earl McGraw apareciera en los dos volúmenes de *Kill Bill* y en *Death Proof*, así como en el segundo film del proyecto *Grindhouse, Planet Terror*, lo que permitía la continuidad entre los films de Tarantino y Rodríguez.

Pero Parks no se acaba en McGraw. Así, el actor aparecía en *Abierto hasta el amanecer 3: La hija del verdugo*, producida por Tarantino, en la piel de un personaje distinto, lo que respetaba la lógica biológica de no resucitar a un muerto. En cambio, en un ejercicio de desdoblamiento solo apto para el cine, en la segunda parte de *Kill Bill*, además de encarnar al *ranger*, daba vida también a Esteban Vihaio, el que fuera mentor de Bill, papel que estaba pensado en un principio para el mexicano Ricardo Montalbán. Además, aparecía junto a Tarantino en *Django desencadenado* como empleados de la minería LeQuint.

El personaje de Earl McGraw, encarnado por Michael Parks, aparecía por primera vez en Abierto hasta el amanecer *de Robert Rodríguez. En la imagen, con John Hawkes de espaldas.*

Pero la historia de Tarantino con Parks tiene continuidad en la figura del hijo del actor, James Parks (16/11/1968), que, rizando el rizo, interpretaba también al hijo de Earl McGraw, Edgar McGraw, en los dos volúmenes de *Kill Bill*, en *Death Proof* y en *Abierto hasta el amanecer 2: Texas Blood Money* (1999) de Scott Spiegel, producida por Tarantino, en la que, siguiendo los pasos de su padre en la primera parte, también fallecía. Además, James Parks era uno de los rastreadores de *Django desencadenado* y uno de los primeros muertos en *Los odiosos ocho*. Por otra parte, tenía un papel secundario en la comedia *Daltry Calhoun* (2005) de Katrina Holden Bronson, en la que Tarantino ejercía de productor ejecutivo.

Lazos familiares

Michael Parks formó parte de la infancia y adolescencia del director a través de sus abundantes colaboraciones en el medio televisivo desde los años sesenta en series que protagonizó como *La ley del revólver* (*Gunsmoke*, 1962), *Caravana* (*Wagon Train*, 1963-1964) o *Then Came Bronson* (1969-1970). Tarantino se ha mostrado siempre elogioso a propósito de Parks

y su talento interpretativo: «Es uno de los actores más grandes jamás vistos» le dijo a Jonathan Hoberman en una entrevista en 1996. Tras la muerte de Parks en 2017, Kevin Smith, otro gran admirador del actor, en una entrada en su cuenta de Instagram en homenaje al intérprete definió a Tarantino como «el mayor fan de Michael».

Aunque fue Adán en *La Biblia* (*The Bible*, 1966) de John Huston, Parks no se prodigó en el medio cinematográfico hasta los años ochenta con *thrillers* de poca relevancia mientras continuaba su carrera televisiva en series como *Los Colby* (1987) o *Twin Peaks* (1990). A diferencia de lo que suele suceder a otros actores veteranos que se refugian en el medio televisivo a medida que la edad avanza, Michael Parks hizo el camino inverso y a partir de los noventa apenas frecuentó la televisión y, en cambio, fue recuperado por el cine gracias a una nueva generación de directores, especialmente Tarantino, pero también Kevin Smith y Robert Rodríguez que le dieron una importancia de aires míticos que antes le había sido negada. Su reiterada colaboración con el director de *Pulp Fiction* lo hizo reconocible para las nuevas generaciones de espectadores. En este sentido también fue importante la labor de Smith que escribió para él personajes importantes en los films *Tusk* (2014) y *Red State* (íd, 2011). En esta última interpretó a un fanático religioso (y terrorífico) que, en una carrera poco reconocida, le proporcionó su premio más importante, el de mejor actor del Festival de Cine Fantástico de Sitges. Otros cineastas jóvenes que contaron con él en esta última etapa de su vida fueron Andrew Dominik en el western *El asesinato de Jesse James por el cobarde Robert Ford* (*The Assassination of Jesse James by the Coward Robert Ford*, 2007) y Ben Affleck en *Argo*, (íd, 2012).

En cuanto a James Parks, sus inicios son parecidos a los del padre. Aunque hizo su debut cinematográfico en *Twin Peaks: Fuego camina conmigo* (*Twin Peaks: Fire Walk with Me*, 1992) de David Lynch, su medio más frecuentado ha sido la televisión con papeles episódicos en series como *Star Trek: Voyager* (1996), *Walker, Texas Ranger* (1999), *Expediente X* (*The X Files*, 2002) o *Bones* (2006). A partir de su colaboración en *Death Proof*, su presencia en cine ha sido mayor sin dejar tampoco el medio televisivo con series como *True Blood* (2008-2011) y *The Son* (2017), donde ha gozado de papeles más regulares. Apareció junto a su padre en *Red State* y, de momento, Tarantino le ha dado su personaje más importante, aparte del de Edgar McGraw: el de O. B. de *Los odiosos ocho*.

Tim Roth
(14/5/1961)

El londinense Tim Roth ha colaborado en cinco ocasiones con Tarantino en dos etapas distintas, la inicial y la final. Encadenó las tres primeras realizaciones del cineasta y las dos últimas. Así, fue el Sr. Naranja de *Reservoir Dogs*, el atracador Pumpkin de *Pulp Fiction* y el botones que daba continuidad a los cuatro episodios de *Four Rooms*. Para este último papel, lleno de tics, su peor interpretación de todas ellas, se inspiró en el Jerry Lewis de *El botones* (*The Bellboy*, 1960) del propio Lewis.

Veinte años más tarde, Roth se reencontró con Tarantino como uno de *Los odiosos ocho*, película en la que podía exagerar su acento británico al encarnar al verdugo inglés Oswaldo Mobray. También aparece en su último film *Once Upon a Time in Hollywood*.

Lazos familiares

Tim Roth -con solo dos años más que el cineasta- ya había hecho sus pinitos en el cine y era conocido cuando Tarantino lo eligió para encarnar al Sr. Naranja. Ya había destacado

en papeles secundarios de producciones británicas como *La venganza* (*The Hit*, 1984) de Stephen Frears o *El cocinero, el ladrón, su mujer y su amante* (*The Cook, the Thief, His Wife & Her Lover*, 1989) de Peter Greenaway. Además, había sido escogido por Robert Altman para encarnar a Vincent van Gogh en la coproducción *Van Gogh* (*Vincent & Theo*, 1990). Tarantino había visto tanto este film como *Rosencrantz y Guildenstern han muerto* (*Rosencrantz & Guildenstern Are Dead*, 1990) de Tom Stoppard, que Roth protagonizaba junto a su amigo Gary Oldman.

Si bien Roth se había mostrado algo reticente a hacer la prueba para *Reservoir Dogs*, Tarantino lo llevó de copas, se emborracharon, leyeron varias veces el guion y lo contrató. No necesitó hacer lo mismo con el personaje de Pumpkin de *Pulp Fiction* que había escrito pensando en él. En cambio, el botones de *Four Rooms* lo tenía que haber interpretado Steve Buscemi, pero por incompatibilidad con otros proyectos no pudo hacerlo y se lo pidieron a Roth. Más adelante fue el actor británico el que no pudo intervenir en *Malditos bastardos* en el papel del teniente cinéfilo Hicox por su compromiso con la serie *Miénteme* (2009-2011).

El propio Roth reconoce a Tarantino como el director que le abrió el camino en Estados Unidos con *Reservoir Dogs*. Desde entonces el actor ha cimentado su carrera mayoritariamente en retos artísticos. De ahí, sus colaboraciones con otros cineastas noveles como James Gray -*Cuestión de sangre* (*Little Odessa*, 1994)- o el mexicano Gabriel Ripstein -*600 millas* (2015)-, su trabajo con cineastas de prestigio como Woody Allen -*Todos dicen I Love You* (*Everyone Says I Love You*, 1996)-, Werner Herzog -*Invencible* (*Invincible*, 2001)-, Michael Haneke -*Funny Games* (íd, 2007)- o Francis Ford Coppola -*El hombre sin edad* (*Youth Without Youth*, 2007)-, su participación en producciones europeas ambiciosas como *La leyenda del pianista en el océano* (*The Legend of 1900*, 1998) de Giuseppe Tornatore o sus incursiones en cine comprometido como *Pan y rosas* (*Bread and Roses*, 2000) de Ken Loach. Candidato al Oscar a mejor actor secundario por *Rob Roy* (íd, 1995) de Michael Caton-Jones, y pese a su consistente trayectoria posterior, Roth tiene en el Sr. Naranja uno de los más icónicos e importantes papeles de su filmografía.

Kurt Russell
(17/3/1951)

Protagonista de *Death Proof* y falso protagonista en *Los odiosos ocho*, Russell también colabora con Tarantino en *Once Upon a Time in Hollywood*. Podían haber sido cuatro films: abandonó el proyecto de *Django desencadenado*, donde interpretaba a Ace Woody, un tratante de esclavos. Russell había sustituido a Kevin Costner en ese papel y tras la marcha de Russell, desapareció Woody del guion y parte del personaje fue absorbido por el de Walton Goggins. Por otra parte, aparecía en los agradecimientos de *Kill Bill Vol. 2*; Tarantino había pensado en él como posible alternativa a Warren Beatty después de la marcha de este.

Lazos de sangre

La decisión de elegir a Kurt Russell como Stuntman Mike fue parecida a lo que llevó al director a contar con Travolta en *Pulp Fiction*: recuperarlo, reorientarlo. En una entrevista en *Entertainment Weekly* en 2007, Tarantino comentó su decepción al verlo protagonizar films como los dramas deportivos *El milagro* (*Miracle*, 2004) de Gavin O'Connor o *Dreamer: Inspired by a True Story* (2005) de John Gatins: «para gente de mi generación él es un héroe, pero ahora hay todo un público que no sabe lo que Kurt Russell puede hacer (...) No desprecio esas películas, simplemente me pregunto cuándo Kurt Russell va a volver a ser un tipo duro». Finalmente, y después de que Sylvester Stallone rechazara el papel porque no consideraba edificante para sus hijas encarnar a un asesino de chicas, Russell aceptó el papel. A diferencia de Travolta, que no ha vuelto a trabajar con el realizador, Russell se ha convertido en una figura recurrente en la última etapa del cineasta. No se revelaron las causas del abandono del actor en *Django desencadenado*.

En la piel del John Ruth de Los odiosos ocho, esposado a Daisy Domergue y escuchando a Oswaldo Mobray.

Russell se había iniciado en el cine como actor juvenil de comedias familiares de Disney como *Veinte docenas de hijos* (*Follow Me, Boys!*, 1966) de Norman Tokar o *Mi cerebro es electrónico* (*The Computer Wore Tennis Shoes*, 1969) y *Un ejecutivo muy mono* (*The Barefoot Executive*, 1971), ambas de Robert Butler. Fue en la década siguiente cuando el actor se reinventó como intérprete de cintas de acción y de ciencia-ficción, a partir de sus colaboraciones con John Carpenter en *1997: Rescate en Nueva York* (*Escape from New York*, 1981), *La cosa* (*The Thing*, 1982) y *Golpe en la pequeña China* (*Big Trouble in Little China*, 1986). Posteriormente, cultivaría estos géneros en cintas como *Tango y Cash* (*Tango & Cash*, 1989) de Andrei Konchalovsky, *Stargate* (íd, 1994) de Roland Emmerich o *Soldier* (íd, 1998) de Paul W. S. Anderson. Tras *Death Proof*, sería fichado para las entregas séptima y octava de la franquicia de acción y coches *Fast & Furious*, en 2015 y 2017 respectivamente.

Por otra parte, la presencia de Russell en *Los odiosos ocho* remite a su época televisiva. Hijo de Bing Russell, actor de *Bonanza* (1961-1972) y otras muchas series del oeste, Kurt se inició en varias series del género como *The Travels of Jamie McPheeters* (1963-1964) en el papel del niño protagonista, *Daniel Boone* (1965-1969) o *The Quest* (1976). Otro detalle que lo une emocionalmente a Tarantino fue su primer trabajo reputado: encarnó al ídolo de Quentin Elvis Presley en el telefilm *Elvis* (1979) de John Carpenter, por el que fue nominado al Emmy. Además, de niño apareció junto al cantante en *Puños y lágrimas* (*It Happened at the World's Fair*, 1963) de Norman Taurog.

Uma Thurman
(29/4/1970)

Secundaria en *Pulp Fiction*, fue la estrella absoluta del díptico *Kill Bill*. Dos personajes independientes, sin ninguna relación, pero conectados por un gesto que ambas repetían en las respectivas películas: marcar en el aire un rectángulo de línea discontinua.

Lazos de sangre

En la imagen superior, su baile antológico con John Travolta en Pulp Fiction. *En la inferior, junto a Maria de Medeiros en* Henry & June *(1990) de Philip Kaufman.*

Aunque solo ha representado dos personajes, Uma Thurman forma parte del imaginario tarantiniano. El director le brindó los dos papeles más importantes de su carrera. Con Mia Wallace, Thurman consiguió su única candidatura al Oscar y con Beatrix Kiddo entró en el imaginario popular.

Exmodelo, se inició en el cine con apenas 18 años en films de inspiración europea como *Las aventuras del barón Munchausen* (*The Adventures of Baron Munchausen*, 1988) de Terry Gilliam o *Las amistades peligrosas* (*Dangerous Liaisons*, 1988) de Stephen Frears. Aunque en esa primera etapa protagonizó films como *Henry & June* (íd, 1990) de Philip Kaufman, *Jennifer 8* (íd, 1992) de Bruce Robinson o *La chica del gánster* (*Mad Dog and Glory*, 1993) de John McNaughton, la consagración la obtuvo con *Pulp Fiction*. La leyenda dice que en un principio tenía muchas dudas para aceptar el papel, pero fue convencida por el director, puesto que en una comida con la actriz se percató de que Thurman era la intérprete ideal para Mia Wallace. Con *Pulp Fiction* y otros films como *Beautiful Girls* (íd, 1996) de Ted Demme, también de la compañía Miramax de los hermanos Weinstein, o antes *Ellas también se deprimen* (*Even Cowgirls Get the Blues*, 1993) de Gus van Sant, la imagen de Thurman se identificaba con el cine independiente americano de aquellos años. Sin embargo, no sirvió para que su talento destacara a pesar de trabajar después con directores como Woody Allen -*Acordes y desacuerdos* (*Sweet & Lowdown*, 1999)-, Roland Joffé -*Vatel* (íd, 2000)- o James Ivory -*La copa dorada* (*The Golden Bowl*, 2000). Además, su incursión en el cine comercial se saldó con el fracaso en taquilla de *Los vengadores* (*The Avengers*, 1998) de Jeremiah Chechik.

Otra vez Tarantino apareció para brindarle un papel difícil de olvidar y que, en realidad, había ideado junto a la actriz durante el rodaje de *Pulp Fiction*: la Novia, una figura que

más tarde se interpretaría como símbolo del empoderamiento femenino. Sin embargo, fue en la segunda parte de este díptico cuando la relación entre los dos se enfrió a causa de un accidente de la actriz durante el rodaje. Tarantino había insistido en que fuera ella misma la que hiciera una escena en un coche a gran velocidad, a pesar de las serias dudas de la actriz por el estado de la carretera, actitud que más tarde el cineasta consideraría como lo que más había lamentado de su vida. Los productores encubrieron el percance, pero posteriormente el propio Tarantino le facilitó las imágenes que la actriz acabaría haciendo públicas en febrero de 2018, a través de las redes sociales, en medio del clima reivindicativo del #MeToo, movimiento al que se sumaría Thurman denunciando situaciones de acoso sexual contra ella por parte de Harvey Weinstein.

Aunque al principio de la colaboración, el director expresó su deseo de que su relación profesional con Thurman fuera similar a la de Josef von Sternberg con Marlene Dietrich o a la de Alfred Hitchcock con Ingrid Bergman, no han vuelto a trabajar juntos. Desde *Kill Bill*, Thurman no ha conseguido papeles protagónicos de relevancia y solo destacan sus colaboraciones con el danés Lars von Trier en el díptico *Nymphomaniac* (íd, 2013) y *La casa de Jack* (*The House that Jack Built*, 2018).

Christoph Waltz
(4/10/1956)

Este actor vienés dejó su huella en dos filmes consecutivos del director: *Malditos bastardos* y *Django desencadenado*.

Lazos de sangre

Quentin Tarantino no conocía a Christoph Waltz ni ninguno de sus trabajos antes del largo *casting* emprendido para encontrar al perfecto coronel Hans Landa, el sibilino cazajudíos y experto políglota de *Malditos bastardos*. El cineasta quería un intérprete germano, pero no encontraba ninguno que se correspondiera con los requisitos del personaje... hasta que apareció Waltz, que en el film da muestras de sus habilidades con los idiomas hablando no solamente alemán e inglés, sino también francés e italiano de manera fluida y natural. A ello se añadía una manera muy marcada de interpretar a la vez que elegante, irónica e inteligente, modos que ya conocían los espectadores austriacos y alemanes, pero que el resto del mundo ignoraba. De ahí, que fuera la gran sorpresa del film en el Festival de Cannes, en el que, sin interpretar el papel protagonista de la cinta, se llevó el premio de actuación masculina del certamen.

Formado, entre otras, en la escuela Lee Strasberg de Nueva York, Waltz pasó la tres primeras décadas de su carrera, iniciada a mediados de los setenta, labrándose un nombre tanto en las tablas de los países de habla germana -en Suiza interpretó a Hamlet- como en la televisión, medio en que tanto podía ser protagonista de la serie policíaca de Alemania Occidental *Parole Chicago* (1979) o del aplaudido telefilm cómico *Man(n) sucht*

Frau (1995) como aparecer en un episodio de la serie *Rex, un policía diferente* (1996). En cine debutó en 1981, pero su carrera discurrió sin grandes logros más allá de reconocimientos locales. Intentó la aventura internacional con papeles secundarios en films europeos como *Más rápido que el ojo* (*Quicker Than the Eye*, 1988) de Nicolas Gessner, con Ben Gazzara, o la irlandesa *Criminal y decente* (*Ordinary Decent Criminal*, 2000) de Thaddeus O'Sullivan, junto a Kevin Spacey. En ese sentido su mayor hito fue coprotagonizar la polaca *Maximilian Kolbe* (*Zycie za zycie. Maksymilian Kolbe*, 1991) de Krzysztof Zanussi.

Así pues, el encuentro con Tarantino resultó ser un *quid pro quo* del que el intérprete salió especialmente bien parado. Tanto encarnando a Landa como personificando al caza-recompensas alemán de *Django desencadenado* obtuvo el Oscar, dos en cuatro años. Desde entonces, Waltz ha trabajado con cineastas prestigiosos como Roman Polanski -*Un dios salvaje* (*Carnage*, 2011)-, Tim Burton -*Big Eyes*, 2014-, Terry Gilliam -*The Zero Theorem*, 2013- o Alexander Payne -*Una vida a lo grande* (*Downsizing*, 2017)-, además de participar en *blockbusters* como la cinta Bond *Spectre* (íd, 2015) de Sam Mendes, en la que fue el villano o *La leyenda de Tarzán* (*The Legend of Tarzan*, 2016) de David Yates.

Waltz era ya conocido por los espectadores austriacos y alemanes, pero Tarantino ha elevado su estatus a la de megaestrella.

LAS CANCIONES

DE TARANTINO

Across 110th Street
Bobby Womack

PELÍCULA: *Jackie Brown*

ESCENA: Títulos de crédito iniciales. Se presenta a Jackie en una cinta transportadora del aeropuerto. Luego pasa por el control de seguridad y camina por la terminal, primero tranquilamente, después con el paso más rápido hasta que al final corre para llegar a tiempo a su lugar de trabajo.

Volverá a aparecer el tema al final de la cinta. El adiós entre Jackie y Max deja a este pensativo, su imagen se difumina y Jackie en el coche mueve los labios siguiendo la letra de la canción. Aparecen los créditos finales durante los que sigue sonando la canción.

CANCIÓN: Tema principal de la película homónima *Pánico en la calle 110* (*Across 110th Street*, 1972) de Barry Shear y protagonizada por Anthony Quinn y Yaphet Kotto. En los créditos de la cinta de Shear sonaba otra versión a la utilizada por Tarantino, también interpretada por Bobby Womack, autor de la pieza. En cambio en la banda sonora del film original se incluía la elegida por Tarantino y no la de los títulos de crédito. La canción apareció como *single* en 1973.

FUNCIÓN: En la presentación de su personaje, Quentin Tarantino emula los títulos de crédito de *El graduado* (*The Graduate*, 1967) de Mike Nichols. Allí también un bisoño Dustin Hoffman se dejaba transportar en el aeropuerto como una maleta mientras sonaba «The Sound of Silence» de Simon & Garfunkel. Luego salía de la terminal con una

sonrisa obligada. En el plano siguiente se le igualará a la roca de una pecera. La actitud del joven se caracteriza por su estatismo y la incomodidad que eso le supone: todo está por llegar.

La operación de Tarantino de reconversión de la fuente original es doble. Así, Jackie Brown no es una veinteañera, todo lo contrario, ya no puede dejarse ir, tiene que aprovechar cualquier ocasión que le llegue para salir a flote. Puede ser la última. Por eso, Tarantino hace correr a su protagonista con la excusa de que no llega a tiempo. La imagen de Pam Grier, apresurada con la voz de Bobby Womack de fondo, no deja de transmitir cierta emoción al apelar a las últimas oportunidades e insinúa el tema de una película de personajes maduros desengañados.

Por otra parte, la película original a la que pertenece la pieza es un *thriller* violento. La canción transmite la confesión de un hombre que cometió actos delictivos para salir adelante en un entorno conflictivo. En el personaje de Jackie ese trasfondo social se diluye y la problemática se reduce a una cuestión personal, una acumulación de malas decisiones. La repetición del tema al final de la película cierra el círculo y certifica el resarcimiento de la protagonista pese a todo aquello que ha de dejar atrás.

Y DESPUÉS DE LA PELÍCULA: Diez años más tarde, Ridley Scott volvió a utilizar la canción en su *thriller* ambientado en los años setenta, *American Gangster* (2007), acerca de un mafioso de Harlem, encarnado por Denzel Washington. La utilización de Scott recupera el sentido original de la pieza, ya que acompaña a las imágenes del circuito de distribución de droga y los beneficios que reporta.

Bang Bang
(My Baby Shot Me Down)
Nancy Sinatra

PELÍCULA: *Kill Bill, Vol 1*

ESCENA: Es la canción de los títulos de crédito iniciales que aparecen justo después de que se oiga el disparo de Bill a Beatrix en el ensayo de la boda. Las letras blancas aparecen sobre fondo negro. A media canción el fondo cambia por una imagen, en claroscuro y blanco y negro, de la silueta yacente de la Novia.

CANCIÓN: Compuesta por Sonny Bono para su por entonces esposa Cher, formó parte de su segundo disco *The Sonny Side of Chér* (1966). El *single* llegó al número 2 en Estados Unidos y fue el primer gran éxito de la cantante. Ese mismo año, Nancy Sinatra hacía su versión de la canción en su segundo álbum *How Does That Grab You?* (1966). La interpretación de Sinatra era más lenta que la original. Aunque tuvo repercusión, no superó el éxito que Sinatra había conseguido con «These Boots Are Made for Walkin'» el año anterior.

«Bang Bang» es la canción que puede oírse justo después del disparo de Bill a Beatrix en el ensayo de la boda.

Posteriormente, «Bang Bang» ha sido versionada por múltiples artistas, entre ellos, Raquel Welch, Petula Clark, Stevie Wonder, Lady Gaga y Dua Lipa.

FUNCIÓN: La canción, sobre un amor infantil frustrado, parte metafóricamente de un juego de cowboys, en el que el niño dispara a la niña, para desarrollar luego la frustración de la mujer ya adulta. Tarantino reconvierte la chica ignorada/engañada en una mujer moribunda a causa de su antiguo amante. Si en versiones como las de Stevie Wonder o Lady Gaga la letra de la canción es alterada y el desconsuelo femenino es matizado, si no revertido por completo, Tarantino se sirve de la pieza para sentar las bases de la venganza de la mujer vejada.

Y DESPUÉS DE LA PELÍCULA: Su utilización en *Kill Bill* para abrir musicalmente la cinta le devolvió la popularidad perdida, posiblemente a causa de la enorme y perdurable repercusión de «These Boots Are Made for Walkin'», canción usada en films como *La chaqueta metálica* (*Full Metal Jacket*, 1987) de Stanley Kubrick, *Locos en Alabama* (*Crazy in Alabama*, 1999) de Antonio Banderas o *The Mexican* (íd, 2001) de Gore Verbinski. Desde *Kill Bill*, ha sido más frecuente que en años anteriores el uso de «Bang Bang», ya sea en programas de televisión, eventos deportivos o en series como *Lilyhammer* (2013) o *Aquarius* (2015).

Battle Without Honor or Humanity
Tomoyasu Hotei

PELÍCULA: *Kill Bill, Vol 1*

ESCENA: Enlaza dos escenas consecutivas entre las que hay una elipsis. La pieza se inicia justo después de que Beatrix recuerde la presencia de Sofie Fatale en la iglesia durante la paliza. Igual que en aquel momento, Sofie está hablando por el móvil. Ahora en un coche. Beatrix, en moto, la observa sin que la joven se dé cuenta. Beatrix deja el vehículo atrás y se adentra en un túnel. La música sigue sonando y la acción se traslada a la Casa de las Hojas Azules. O-Ren Ishii, ataviada con un kimono y seguida por su séquito -incorporada ya Sofie Fatale-, se desliza por el pasillo interior a cámara lenta y llega al espacio central donde los clientes bailan al son del grupo The 5.6.7.8's, sin que se oigan sus canciones. Lo atraviesa, recibe los agasajos de los dueños del local y asciende por una escalera al piso superior. Cuando llega a la sala, entra y la música desaparece a la vez que se recupera el sonido ambiente: las canciones del grupo.

PIEZA: Es el tema principal de la película *Another Battle / Shin jingi naki tatakai* (2000) de Junji Sakamoto, protagonizada por el propio compositor e intérprete de la pieza, Tomoyasu Hotei, célebre guitarrista nipón. Ese film era una suerte de continuación de una importante saga de cintas de yakuzas de los años setenta conocida como *Battles Without Honor and Humanity / Jingi naki tatakai*, la mayoría dirigidas por Kinji Fukasaku. La singularidad de *Battles* era el realismo y la suciedad de la propuesta que contrastaba con las películas de ese género que se habían hecho hasta el momento.

El título original de la pieza de Hotei remitía a la cinta de Sakamoto (*Shin Jingi Naki Takata no Tema*), pero fue rebautizada por Tarantino en la banda sonora de *Kill Bill* como «Battle Without Honor or Humanity», lo que puede llevar a la confusión al relacionarla con los films de los años setenta de Fukasaku.

FUNCIÓN: Una pieza con carga agresiva que prefigura la batalla que poco después habrá en la Casa de las Hojas Azules contra los 88 maníacos. Antes de dar con el tema de Hotei, el director había pensado en utilizar una canción de Metallica.

Y DESPUÉS DE LA PELÍCULA: De la misma manera que con el sello Rolling Thunder de Miramax Tarantino había dado a conocer films asiáticos, como *Sonatine* (1993) de Takeshi Kitano o *Chungking Express* (1994) de Wong Kar-Wai, *Kill Bill* supondría la revelación internacional del tema de Hotei. Desde entonces es una pieza que se ha utilizado profusamente ya sea en eventos deportivos, en publicidad, en videojuegos como *Dance Dance Revolution Supernova* o como música de impacto en programas de televisión.

El film original permanece desconocido fuera de Japón y la pieza musical sigue ligada al recuerdo de la cinta de Tarantino. Incluso el propio Hotei ha comentado que han llegado a felicitarle tras un concierto por su versión de la música de *Kill Bill...* El tema aparece, entre otros films, en *Team America: La policía del mundo* (*Team America: World Police*, 2004) de Trey Parker, *Los Dalton contra Lucky Luke* (*Les Dalton*, 2004) de Philippe Haïm, *Transformers* (íd, 2007) de Michael Bay o *El dictador* (*The Dictator*, 2012) de Larry Charles. También se ha utilizado en series como *Me llamo Earl* (2006) o la última temporada de *Bones* (2017).

Django
Rocky Roberts

PELÍCULA: *Django desencadenado*

ESCENA: Títulos de crédito iniciales. Django encadenado es llevado por tratantes de esclavos a través de un entorno rocoso y desértico junto a otros prisioneros. A medida que avanza el día, hay más vegetación y la fría noche les llega cuando pasan por un bosque. La pieza concluye antes de que el grupo se encuentre al Dr. Schultz.

PIEZA: Compuesta por el argentino Luis Enrique Bacalov para el *spaghetti western* original, *Django* (1966) de Sergio Corbucci. El tema original estaba cantado en inglés en la película por el italoamericano Rocky Roberts, pero en el disco se incluyó en una versión

La canción fue compuesta por Luis Enrique Bacalov para el spaghetti western *de Sergio Corbucci.*

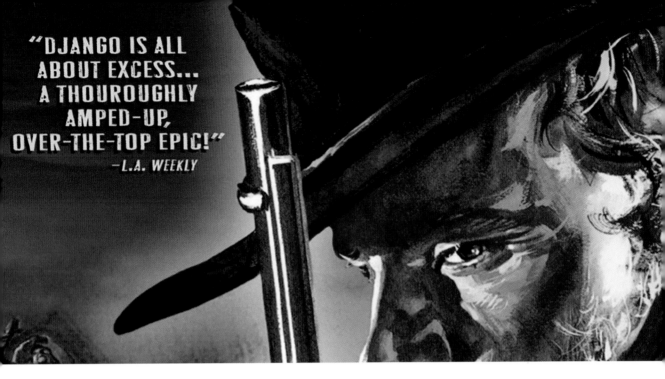

"DJANGO IS ALL ABOUT EXCESS... A THOUROUGHLY AMPED-UP, OVER-THE-TOP EPIC!"
—L.A. WEEKLY

en italiano interpretada por Roberto Fia. Bacalov, pese a sus orígenes bonaerenses, desarrolló su carrera principalmente en Italia a lo largo de la cual trabajó con cineastas como Damiamo Damiani (*La noia*, 1963), Pier Paolo Pasolini (*El evangelio según San Mateo / Il vangelo secondo Matteo*, 1964), Elio Petri (*A cada uno lo suyo / A ciascuno il suo*, 1967), Renato Castellani (*La guapa y su fantasma / Questi fantasmi*, 1967), Fernando di Leo (*Milán calibre 9 / Milano calibro 9*, 1972), Federico Fellini (*La ciudad de las mujeres / La città delle donne*, 1980), Jesús Franco (*La bahía esmeralda*, 1989), Francesco Rosi (*La tregua /* id, 1997) o Mario Monicelli (*Panni sporchi*, 1999). Consiguió el Oscar por *El cartero y Pablo Neruda* (*Il postino*, 1995), de Michael Radford.

FUNCIÓN: Corbucci utilizaba el tema de la misma manera que lo haría Tarantino más tarde: en los títulos de crédito iniciales durante los que se presentaba al protagonista de una forma tan curiosa como poderosa, a pie por un paisaje fangoso y desolador llevando a rastras un ataúd. En *Django desencadenado* Tarantino sustituye el barro por las piedras y la penitencia individual se convierte en grupal, la carga de la esclavitud. Además, igual que hará con el personaje de Schultz, la picardía tarantinesca atribuye a personajes canciones de otros films. Así, su *Django* se sirve del tema central del *Django* original y para la presentación de su King Schultz el cineasta se servirá de otra canción en inglés de un *spaghetti western*: *His Name is King* del film *Lo chiamavano King* (1971) de Giancarlo Romitelli y Renato Savino, también obra de Bacalov.

Y DESPUÉS DE LA PELÍCULA: La composición de Bacalov ha pasado a ser la canción de dos películas. Tarantino realiza así una doble pirueta al apropiarse de una pieza que *a priori* no podía más que referirse a una sola película, ya que la letra proclama su propiedad en cada estrofa. De este modo, cada vez que se menciona el film americano suena la canción de Bacalov como si fuera una composición genuina, como sucede en el documental austriaco *Rote Katz und die bunten Vögel: Politische Werbung von damals* (2015), de Günter Kaindlstorfer y Karin Moser, en que la pieza de Bacalov se utiliza para ilustrar un acto de un partido político que ha adaptado a sus intereses la imagen publicitaria de la cinta de Tarantino.

La pieza aparece en los títulos de crédito iniciales.

Down in Mexico
The Coasters

PELÍCULA: *Death Proof*

ESCENA: El baile sensual de Arlene ante Stuntman Mike, sentado en una silla en medio de la pista de baile, después de que este le haya recitado el poema requerido según lo anunciado por Jungle Julia en su programa. La escena, después de mostrar varios contoneos y tocamientos, concluye abruptamente, como si fuera un fallo más de la copia, coincidiendo con uno de los momentos más caldeados del espectáculo.

Down in Mexico *fue el primer single del conjunto negro The Coasters.*

CANCIÓN: Compuesta por el exitoso dúo Jerome Leiber y Michael Stoller, «Down in Mexico» fue el primer *single* del conjunto negro The Coasters. Aparecido en marzo de 1956, al año siguiente formaría parte de un LP recopilatorio de *singles* de *The Coasters* y *The Robins*, la formación original que acabaría reformulándose en *The Coasters*. Por su parte, la pareja de compositores y productores Leiber-Stoller, vinculados a Elvis Presley a través de canciones como «Hound Dog», «Jailhouse Rock» o «King Creole», serían los artífices de otros éxitos del grupo como «Yakety Yak» o «Searchin'».

FUNCIÓN: Es la canción que acompaña la escena más erótica de toda la filmografía tarantiniana, desprovista habitualmente de escenas de sexo. Después del de Michael Madsen en *Reservoir Dogs* y del de Thurman-Travolta en *Pulp Fiction*, el de Vanessa Ferlito en *Death Proof* es el baile más recordado y por motivos distintos, sin la violencia del primero ni la mítica del segundo. Aún así, de alguna manera dialoga con ellas: la tortura física que padecía el policía atado a la silla en *Reservoir Dogs* se convierte aquí en una tortura carnal sufrida por Stuntman Mike. Por otra parte, la simetría de la pareja de baile de *Pulp Fiction* se rompe y se refuerza la dominación de la mujer ante un impotente comparsa.

Y DESPUÉS DE LA PELÍCULA: La canción se incluyó en la banda sonora de *R3sacón* (*The Hangover Part III*, 2013) de Todd Phillips. Tarantino no había sido el primero en utilizarla. Antes había aparecido en *Ídolos, mentiras y rock & roll* (*Telling Lies in America*, 1997) de Guy Ferland, en la que Kevin Bacon encarnaba a un locutor de radio musical.

Girl, You'll Be a Woman Soon
Urge Overkill

PELÍCULA: *Pulp Fiction*

ESCENA: Cuando Mia Wallace y Vincent Vega regresan de la velada en el Jack Rabbit, ella pone la canción mientras él va al baño. Se alternan las acciones. Mia, con la gabardina de Vincent puesta, baila sola al ritmo de la música; él, temeroso de la reacción de Marsellus a lo que pueda suceder esa noche, reflexiona en voz alta. Ella deja de bailar, la música sigue sonando, se sienta en el sofá, encuentra en el bolsillo la nueva droga que Vega había comprado.

Él, todavía en el aseo, decide despedirse de ella e irse a casa. Mia esnifa, la reacción es muy fuerte, sangra y queda inconsciente. La música acaba.

CANCIÓN: Urge Overkill, grupo de rock alternativo creado en 1984 en Chicago, editó en 1992 *Stull*, EP de solo seis canciones en el que incluían esta versión del clásico de Neil Diamond. Tarantino, fan de la banda, propuso la canción a Uma Thurman para el baile en solitario y la actriz aceptó. El grupo se deshizo en 1997, pero regresó en 2004.

El original de Diamond data de 1967 y forma parte del segundo álbum del cantautor, *Just for You*. En marzo de ese año había aparecido ya en formato *single* junto a «You'll Forget» y llegó al número 10. Al año siguiente la versionaría Cliff Richard.

FUNCIÓN: La canción se escucha entera en la película y de alguna manera forma parte de su trama, aún cambiando el sentido original del tema. Un canto de amor que anuncia un cambio natural en la vida de una joven es utilizado aquí como apunte irónico a una experiencia extrema: «Niña, pronto serás mujer». Si bien la versión de Urge Overkill presenta escasas diferencias respecto al original de Diamond, fue una de las revelaciones de la banda sonora y, aunque en 1993 la banda ya había editado un disco con una gran compañía, Geffen Records, la utilización de su pieza en *Pulp Fiction* le proporcionó popularidad mundial.

«Girl, You'll Be a Woman Soon» es interpretada por el grupo de rock alternativo Urge Overkill.

Y DESPUÉS DE LA PELÍCULA: Sigue siendo el mayor éxito de la formación. *Pulp Fiction* fue la primera cinta en la que se utilizó y posteriormente se ha podido escuchar en series como la británica *Misfits* (2009) o *Sobrenatural* (*Supernatural*, 2015) o la película *Sorority Boys* (2002) de Wallace Wolodarsky, sin que hayan superado la relación inextricable de la canción con la película de Tarantino.

Hooked on a Feeling
Blue Swede

PELÍCULA: *Reservoir Dogs*

ESCENA: Justo después de que el Sr. Naranja salga de su piso, donde acaba de escuchar el «Fool for Love» de Sandy Rogers, desde el interior de un coche varios policías lo ven montarse en el coche que conduce Eddie el amable con el Sr. Blanco y el Sr. Rosa dentro. El célebre «Ooga-chaka Ooga-Ooga» con el que se abre la versión de Blue Swede irrumpe cuando el vehículo de los criminales gira y el de los policías le sigue. Cuando la imagen pasa al interior del primero, el volumen baja hasta hacerse casi imperceptible bajo un diálogo jocoso sobre mujeres negras iniciado por el Sr. Rosa. En la escena siguiente Joe Cabot les reprochará que pasen el tiempo haciendo chistes y riendo gracias.

CANCIÓN: En 1973 el grupo sueco Blue Swede hizo su versión de la canción original de 1968 escrita por Mark Jamese interpretada por el entonces exitoso B. J. Thomas en su álbum *On My Way* (1968). Thomas vivía una época prometedora. Había irrumpido en 1966 con una versión exitosa de «I'm So Lonesome I Could Cry» de Hank Williams. Además, «Hooked on a Feeling» -que incluía un sitar eléctrico- alcanzaría el nº5 en 1969 y en ese mismo año sería elegido por Burt Bacharach y Hal David para interpretar el tema principal del film *Dos hombres y un destino* (*Butch Cassidy and the Sundance Kid*, 1969) de George Roy Hill, «Raindrops Keep Falling on my Head», que reportaría a los compositores el Oscar.

Lo que diferencia la versión de Blue Swede de la original es la inclusión de ese coro tribal que, en realidad, es un perfeccionamiento del ya existente en la versión que había interpretado en 1971 Jonathan King, futuro produc-

tor musical descubridor del grupo Genesis. Blue Swede fue una formación creada en 1973 por el cantante Björn Skifs y duró solo dos años. La canción, aparecida en mayo de 1973 en Suecia, llegó a ser número uno en Estados Unidos al año siguiente. Tras el éxito del *single* publicaron el álbum del mismo título (1974).

FUNCIÓN: La fuerza del coro «Ooga-chaka» presagia la masacre final perpetrada por un cuerpo policial del que no vemos los rostros, pero en cuyo coche nos lleva la cámara. Cuando por montaje cambiamos de vehículo, la música se difumina en el ambiente relajado de los atracadores. La pieza, muy radiada, fue el estandarte de una banda sonora que fue muy vendida. De hecho, la repercusión de la canción fue desproporcionada en relación con su presencia en pantalla, no tan importante como otros hits como «Stuck in the Middle with You» o «Little Green Bag» que prácticamente se escuchan enteros sin apenas interrupción.

Y DESPUÉS DEL FILM: La película reactivó la versión de Blue Swede que, por ejemplo, sería utilizada en la serie *Ally McBeal* cada vez que la fantasiosa protagonista tenía la alucinación *baby dancing*, una animación viral de finales de los noventa que consistía en un bebé crecido bailando y a la que los creadores de la serie le añadían el «Ooga-chaka» de los suecos. Además, Vonda Shepard, la cantante de la serie, también haría su versión del original de B. J. Thomas. El televisivo David Hasselhof, protagonista de series como *El coche fantástico* o *Los vigilantes de la playa*, haría su propia versión de la canción en 1997 en un delirante videoclip en el que su imagen era incrustada digitalmente en los parajes más insospechados. El grupo The Offspring incluiría el «Ooga-chaka» en su canción «Special Delivery» del álbum *Conspiracy of One*, pero no abriendo la pieza, sino en mitad de ella. Las nuevas generaciones pudieron descubrir la versión de Blue Swede por el film *Guardianes de la galaxia* (*Guardians of the Galaxy*, 2014) de James Gunn.

Después de Reservoir Dogs, *la serie* Ally McBeal *utilizó el* «Ooga-chaka» *de Blue Swede cada vez que aparecía la animación* baby dancing.

Little Green Bag
George Baker Selection

PELÍCULA: *Reservoir Dogs*

ESCENA: Títulos de crédito iniciales en los que el grupo criminal camina al ralentí con una pared de ladrillos de fondo mientras suena la canción y se identifica a los actores uno a uno. Le ha precedido la larga conversación en la cafetería en que han debatido sobre el verdadero significado de la canción «Like a Virgin» de Madonna y la transición se ha hecho a través de la voz del locutor K-Billy, presentador de un programa sobre éxitos de los setenta escuchado por los protagonistas. La voz de George Baker adquiere mayor importancia a medida que avanza la canción, pero los gritos del Sr. Naranja desangrándose rasgan la fluidez del ritmo y precipitan su fin.

CANCIÓN: «Little Green Bag» es una composición original del grupo holandés George Baker Selection, continuación de otro creado en 1967, «Soul Invention». Con la llegada en 1969 de George Baker, en realidad Johannes Bouwens, cambiaron de nombre. La pieza daba título al primer disco de la banda, de 1970, y fue un éxito internacional que llegó al nº 21 de las listas de Estados Unidos. Otro gran éxito de George Baker Selection fue «Paloma blanca», de 1975. Baker se separó del grupo en 1978, pero volvió en 1982 hasta 1989.

FUNCIÓN: Es una de las piezas emblemáticas de la primera película del cineasta. La plasmación del estilo, de una atmósfera. Esos hombres de negro caminando en manada y a cámara lenta, disfrutando del momento, como si fueran capaces de parar el tiempo y

administrarlo según sus necesidades. Es toda una ilusión como los gritos del Sr. Naranja nos recuerdan, en sintonía con una de las máximas de Tarantino, sorprender al espectador y cambiarle el paso.

Y DESPUÉS DE LA PELÍCULA: Hay quien puede confundir la voz y el estilo de esta canción con el de Tom Jones, quien en 1965 ya había grabado su emblemático «It's not Unusual». Pues el cantante galés -que debe su nombre artístico al film de Tony Richardson de 1963- participó en la versión de la canción que el grupo canadiense Barenaked Ladies grabó en 1999.

Misirlou
Dick Dale & The Del Tones

PELÍCULA: *Pulp Fiction*

ESCENA: Es la música de los títulos de crédito iniciales, precedidos por el prólogo protagonizado por Pumpkin y Honey Bunny quien grita: «Y como algún jodido capullo se mueva, me cagüen la leche, me pienso cargar hasta el último de vosotros». Los nombres de los actores en blanco se suceden sobre el título del film en letras amarillas que van disminuyendo progresivamente hasta desaparecer sobre un fondo negro general. La pieza se interrumpe simulando un cambio de frecuencia en la radio en el momento en que aparece el crédito de la supervisora musical Karyn Rachtman. A partir de entonces suena «Jungle Boogie» de Kool & The Gang.

CANCIÓN: *Misirlou* es una pieza tradicional de los países mediterráneos del este cuyo título viene a significar 'chica egipcia'. La primera grabación conocida data de 1927. Aunque en Estados Unidos ya se había adaptado décadas anteriores, la versión que se hizo popular internacionalmente fue la que hicieron Dick Dale & The Del Tones en 1962, incluida en su primer disco, *Surfer's Choice*. La formación fue pionera de la música surf californiana de los años sesenta y se destacó por la utilización de la guitarra eléctrica, a diferencia del otro grupo paradigmático de ese estilo, los Beach Boys. Precisamente este grupo no desaprovechó la ocasión e incluyó su propia versión de «Misirlou» en su segundo disco *Surfin' U.S.A* (1963). El uso de la pieza de Dick Dale en el film de Tarantino reeditó su vigencia.

FUNCIÓN: Como si hubiera sido compuesta para la película, la pieza recoge la fuerza adrenalítica de la escena que la precede, el atraco de Pumpkin y Honey Bunny, y la amplifica hasta que su interrupción drástica nos avisa de que lo imprevisible está a la vuelta de la esquina, lógica recurrente de la cinta. Además, con ella el director marca las coordenadas en las que se va a desarrollar el film, la acción continua y la sofisticación, lo que se va a reforzar a lo largo del metraje con otros himnos surferos como «Bustin' Surfboards» de The Tornadoes, «Comanche» de The Revels o «Surf Rider» de The Lively Ones.

Y DESPUÉS DE LA PELÍCULA: El *Misirlou* de Dick Dale lleva la mente del oyente al estilo y los personajes de *Pulp Fiction*, aunque mientras que suena en la cinta no le acompaña ninguna imagen. Así, por ejemplo, en el film *Space Jam* (1996) de Joe Pytka que combinaba dibujos animados -Bugs Bunny- con seres reales -Michael Jordan- hacían una rápida mención a *Pulp Fiction* vistiendo a dos de los personajes como los matones Jules y Vincent mientras sonaba *Misirlou*.

Sin embargo, el tema sigue utilizándose también independientemente del film de Tarantino, luchando contra su recuerdo incluso, como hizo el grupo The Black Eyed Peas en el rap «Pump It», cuyo vídeo muestra una estética más agresiva y una situación más urbana que *Pulp Fiction*, un enfrentamiento entre bandas en un parking.

Rabbia e tarantella
Ennio Morricone

PELÍCULA: *Malditos bastardos*
ESCENA: Pieza de los títulos de crédito finales, se inicia en la última escena cuando Raine

marca la frente del coronel Landa con la esvástica nazi. Los gritos de Landa se mezclan con las notas de Morricone. Cuando Raine ha acabado la sangrienta incisión, sonríe a cámara en contrapicado y dice al compañero también en plano: «¿Sabes, Utivich? Creo que esta podría ser mi obra maestra». Aparecen los títulos de crédito en letras amarillas sobre fondo negro.

PIEZA: Tema principal y recurrente de la banda sonora original que compuso Ennio Morricone para el film italiano *Allonsanfàn* (1974) de Paolo y Vittorio Taviani. Cinta extraña en la filmografía de los hermanos Taviani por su tono satírico, está protagonizada por Marcello

Mastroianni en la piel de un personaje donjuanesco y traicionero que busca la supervivencia en los años de la Restauración. La pieza es utilizada a lo largo de la cinta en varios momentos; uno de los más destacados es la secuencia final en la que «Rabbia e tarantella» acompaña el relato delirante de un camisa roja herido. Esa explicación fantasiosa se ilustra con un baile entre integrantes de bandos opuestos. Como apuntaba Janet Maslin en su crítica del film en *The New York Times*: «Entre las otras virtudes de *Allonsanfàn* (...), la música de marcha de Ennio Morricone, que acompaña a un grupo de revolucionarios que se pasea a lo largo de la historia. Cuando la música los mueve a bailar, ellos arrancan una versión posnapoleónica de algo que podría hacer Michael Jackson».

FUNCIÓN: Tarantino cambia el sentido de la pieza original y si allí ponía música a las ilusiones febriles acerca de una improbable solidaridad entre grupos enfrentados, aquí suena con la plasmación de un acto sanguinario ejecutado con regocijo chulesco por Raine, acorde al estilo irreverente de la cinta. La fuerza del fragmento se adecúa, sin embargo, a este tono más humorístico y sirve como cierre coherente del film a través de los créditos.

Y DESPUÉS DE LA PELÍCULA: La utilización de «Rabbia e tarantella» en *Malditos bastardos* no ha significado una reivindicación del film italiano, sino más bien en una usurpación de la fuente original. Como si hubiera sido escrita para el film de Tarantino, ha quedado como el tema de la película. A diferencia de otras composiciones más populares de Morricone, como las realizadas para los *spaghetti westerns* de Sergio Leone, «Rabbia e tarantella» no se ha utilizado en ningún otro largometraje posterior y permanece como un descubrimiento del cineasta americano.

Considerado uno de los más grandes autores de música para el cine de todos los tiempos, Ennio Morricone ha compuesto la banda sonora de más de 400 películas.

215

Stuck in the Middle with You
Stealers Wheel

PELÍCULA: *Reservoir Dogs*

ESCENA: La más famosa de la película, la tortura que inflige el Sr. Rubio a Marvin Nash, el policía secuestrado. El atracador, conocido por su sadismo, se queda solo en el local con el rehén atado a una silla. El Sr. Rubio lo amordaza, lo atemoriza anunciándole una tortura lenta, hace amago de dispararle, se saca una navaja de la bota, enciende la radio y busca en el dial su programa favorito, *K-Billy y los supersonidos de los 70*. La voz arrastrada del locutor presenta la canción y el grupo. Empieza a sonar «Stuck in the Middle with You» y el Sr. Rubio, navaja abierta en mano, se marca unos pasos de baile, se regodea, gira sobre sí mismo y acaba montándose encima de Marvin para sujetarle mejor y cortarle la oreja. La cámara se va al espacio vacío mientras se oye la resistencia de la víctima y se muestra una indicación del local pintada sobre un pasillo bajo: «Watch your head», vigila tu cabeza. Aparece en pantalla el Sr. Rubio con la parte seccionada, la mira, hace un chiste jocoso hacia la oreja -'¿me oyes?'- y la tira. Se limpia la sangre en la chaqueta del policía y le dice que no se vaya. Él sale a la calle, se dirige al coche, la música ya no se oye, coge un bote de gasolina y vuelve a entrar. Stealers Wheel siguen sonando y el Sr. Rubio rocía a Nash y le quita la cinta aislante de la boca. El grito de 'basta' coincide con el fin de la pieza (y del programa). Hace caso omiso de los ruegos del policía, padre de

Portada del primer disco de Stealers Wheel en el que se incluía «Stuck in the Middle with You»

familia, y enciende el mechero. Sus últimas palabras son 'Ten fuego, espantapájaros', -'How 'bout some fire, scarecrow?'- antes de que el Sr. Naranja le dispare y acabe con su vida. Esa última frase es una cita directa a *El mago de Oz* (*The Wizard of Oz*, 1939) de Victor Fleming.

CANCIÓN: «Stuck in the Middle with You» es una composición original de los escoceses Joe Egan y Gerry Rafferty, que en 1972 habían formado el grupo Stealer's Wheel, siguiendo la estela de los americanos Crosby, Stills, Nash & Young. La pieza formaba parte de su primer álbum (1972), bautizado con el nombre del grupo. Rafferty dejó la banda ese mismo año, pero visto el éxito del disco, volverá en junio del 73. El grupo se separó definitivamente en 1975 tras tres discos. De hecho, la información que da K-Billy en el film está llena de incorrecciones: ni Stealers Wheel era un dúo, sino una banda cuya primera formación tenía cinco miembros, ni grabaron la canción en abril del 74 -fecha de la publicación del segundo disco, *Ferguslie Park*- ni esta llegó al nº5 en Estados Unidos, sino al 6 en mayo del 73. Se cuenta que el éxito de la canción sorprendió a Rafferty, ya que había surgido como una broma, una parodia del estilo de Bob Dylan, artista citado en la presentación de K-Billy.

FUNCIÓN: Es la canción de LA escena de la película y su escucha siempre estará ligada al recuerdo de esa secuencia, de ese baile, de esa tortura. Fue la primera y única opción de Tarantino para la escena, lo tenía clarísimo. Cuenta el director que está especialmente orgulloso del momento en que el Sr. Rubio deja el local, va al coche y el sonido de la calle y de la vida cotidiana toma el relevo de la canción, que seguirá sonando cuando el sádico regrese al interior. Paradójicamente, esta alusión al realismo, al tiempo real de la escena, contrasta con el fin de la canción: cuando acaba, no oímos más el programa de K-Billy, ni el sonido de la radio. De ese modo, insólitamente, un elemento diegético, propio de la escena -el Sr. Rubio ha encendido la radio y ha buscado el dial- se evapora y se convierte en algo extradiegético, manipulado, añadido.

Y DESPUÉS DE LA PELÍCULA: Ya en 1980 Leif Garrett había interpretado su propia versión de la canción en el disco *Can't Explain*, pero después del film de Tarantino la asociación en el imaginario colectivo con la célebre escena es incuestionable.

Así, Louise, exmiembro del grupo británico Eternal que pronto inició carrera en solitario, no pudo dejar de recurrir ni al estilo de *Reservoir Dogs* ni a la famosa secuencia como gancho del videoclip de su versión del clásico de Stealers Wheel, incluida como pieza inédita de su disco de éxitos *Changing Faces* (2001). En él, cinco mujeres jóvenes de negro, se bajan de un coche también oscuro y abren el maletero -plano tarantiniano por antonomasia- y sacan un paquete. Algunas de las mujeres son identificadas como Ms. Blonde (Sra. Rubia), Ms. Brunette (Sra. Morena) o Ms. Redknapp, apellido de casada de Louise, esposa por aquel entonces del jugador del Liverpool Jamie Redknapp. En el interior del local, y con la consabida coreografía, las mujeres asedian a su rehén, un hombre musculoso en camiseta y amordazado. El arma que ha de temer en esta ocasión es un pintalabios.

Por otra parte, series como *Sobrenatural* o *Happy!* han reproducido la escena -con el consiguiente uso de la canción- en alguno de sus episodios; la primera, creada por Eric Kripke, en el capítulo precisamente titulado *Stuck in the Middle with You*, el nº 12 de la temporada 12, y la segunda, creada por Brian Taylor, en el séptimo y último episodio de la primera temporada.

Empieza a sonar «Stuck in the Middle with You» y el Sr. Rubio, navaja abierta en mano, se marca unos pasos de baile, se regodea, gira sobre sí mismo y acaba montándose encima de Marvin para sujetarle mejor y cortarle la oreja.

Surf Rider
The Lively Ones

PELÍCULA: *Pulp Fiction*

ESCENA: Canción de los títulos de crédito finales, empieza a sonar en la última escena, cuando Honey Bunny y Pumpkin ya se han marchado con el rabo entre las piernas de la cafetería y Jules y Vincent se disponen a irse. La pareja camina tranquilamente con las pistolas en la mano entre los comensales atemorizados. Se paran ante la caja registradora y sincrónicamente se guardan las armas en la cintura y las ocultan bajo sus camisetas. Se dan la vuelta y salen del local. Aparecen los títulos de crédito.

CANCIÓN: Original de The Ventures con el título de «Spudnik» e incluida en el álbum *Mashed Potatoes and Gravy* (1962), fue versionada y rebautizada como «Surf Rider» por el grupo surfero The Lively Ones. La incluyeron en su primer álbum, *Surf Rider!* (1963). En el disco también grabaron su interpretación de otra canción que se oiría en la banda sonora de *Pulp Fiction*, «Misirlou». Sorprendidos por el éxito de la versión de The Lively Ones, The Ventures regrabaron el tema con el título de «Surf Rider» y lo incluyeron en su disco *Surfing* (1963).

FUNCIÓN: Si el también surfero «Misirlou» servía en los títulos de crédito iniciales para marcar el tono de *Pulp Fiction*, este «Surf Rider» cierra el círculo de manera coherente y deja en el espectador un espíritu divertido y despreocupado.

Y DESPUÉS DE LA PELÍCULA: Es una pieza asociada a *Pulp Fiction* que no ha vuelto a ser utilizada en ningún largometraje y que siempre va a recordar a los personajes de la cinta de Tarantino. En 1995, el año siguiente del estreno, apareció en el mercado el disco *Pulp Surfin'* en cuya portada se veía a una chica sobre una toalla en la playa imitando el cartel del film con Uma Thurman. Ese recopilatorio de músicas surferas se abría con una pieza de The Lively Ones, «Pipeline»,... que, otra vez, es una versión de un clásico de The Ventures.

There Won't Be Many Coming Home
Roy Orbison

PELÍCULA: *Los odiosos ocho*

ESCENA: Pieza de los títulos de créditos finales. Empieza a sonar en la escena precedente cuando Mannix, a los pies del lecho en el que yace Marquis Warren, estruja la supuesta carta de Lincoln. Aparecen los créditos y la canción suena entera. Cuando acaba, la sucede una versión del tema principal de la banda sonora de Morricone.

CANCIÓN: Fue el *single* de la banda sonora del film *The Fastest Guitar Alive* (1967) de Michael Moore, western musical ambientado a finales de la Guerra Civil. Única cinta interpretada por Roy Orbison, esta producción de la Metro Goldwyn Mayer tuvo éxito gracias a los fans del cantante, pero el papel, un espía que atraviesa la frontera con una guitarra que dispara balas, estaba pensado para Elvis Presley. La canción apareció en enero de 1967 y consiguió el número 18 en el Reino Unido. La pieza formó parte del disco de la banda sonora, compuesto por diez canciones creadas por Orbison. Sin embargo, paradójicamente, no aparecía en la película.

FUNCIÓN: Canción antibélica que avisa de que «no habrá muchos soldados que regresen a casa y recuerda que si solo fuera uno el que no regresara igualmente se trataría del hijo de una madre», sirve de epitafio de los personajes del film, fallecidos o moribundos. La cinta de Orbison estaba ambientada en la Guerra Civil, contexto bélico que une a los personajes de Tarantino, excombatientes de ella a ambos lados.

Y DESPUÉS DE LA PELÍCULA: Pocas semanas antes del estreno de *Los odiosos ocho*, MGM editaba un cofre con todos los discos que Roy Orbison grabó para la compañía. Entre ellos, una rareza especialmente deseada por el coleccionista, la banda sonora de *The Fastest Guitar Alive*. La feliz coincidencia beneficiaba los intereses de la compañía. Por otra parte, con la utilización de la canción en su film, Tarantino le restituía imágenes a una pieza huérfana de ellas. De ser la canción (inaudible) de la desconocida *The Fastest Guitar Alive*, «There Won't Be Many Coming Home» renació vinculada al universo de uno de los cineastas más importantes de su tiempo. Sirvió para recuperar y hacer familiar un tema, inexistente en las varias recopilaciones de grandes éxitos del autor de «Pretty Woman», «You Got It» o «Only the Lonely».

Twisted Nerve
Bernard Herrmann

PELÍCULA: *Kill Bill, Vol 1*

ESCENA: Presentación de Elle Driver, la asesina del parche. Elle entra, de blanco y silbando el tema, en el hospital donde está ingresada Beatrix después de la brutal paliza. La cámara abandona a Elle en el cuarto de baño y sigue hasta la habitación de Beatrix. La pantalla se divide: a la derecha, Elle Driver se cambia de ropa para matar a la Mamba Negra y, a la izquierda, el rostro comatoso de la víctima. La imagen estática de esta contrasta con los rápidos movimientos de su asesina, todo captado a través de planos detalle. Cuando Elle sale disfrazada de enfermera de la muerte, la música cesa, aparece el sonido tormentoso de la noche y la pantalla se reunifica.

PIEZA: Tema principal de la película británica *Nervios rotos* (*Twisted Nerve*, 1968) de Roy Boulting, compuesto por Bernard Herrmann, el músico habitual de Alfred Hitchcock. La colaboración entre ambos había durado una década: desde 1955 con *Pero... ¿quién mató a Harry?* (*The Trouble with Harry*) hasta 1966 con *Cortina rasgada* (*Torn Curtain*), cuya partitura fue rechazada por el cineasta en favor de otra de John Addison. En ese lapso de tiempo, Herrmann realizó bandas sonoras emblemáticas de la historia del cine como

Con el silbido «Twisted Nerve» se identifica a Elle Driver (Daryl Hannah) y sus intenciones perversas.

Vértigo. De entre los muertos (*Vertigo*, 1958), *Con la muerte en los talones* (*North by Northwest*, 1959) o *Psicosis* (*Psycho*, 1960).

Precisamente «Nervios rotos» fue una de las primeras bandas sonoras que compuso después de que se rompiera la relación con el maestro del suspense. El film de Boulting era un *thriller* sobre psicopatías y represión sexual en el que un chico perturbado, encarnado por Hywel Bennett, se obsesionaba con una joven bibliotecaria, interpretada por la exactriz infantil Hayley Mills. El tema de Herrmann aparece a lo largo del film con diferentes arreglos. Tarantino utiliza la versión silbada que se oye tanto en los títulos de crédito iniciales como la producida por el protagonista cuando sigue a su presa.

FUNCIÓN: En el personaje de Elle Driver, encarnado por Daryl Hannah, se concentran diversas referencias a personajes vengadores o psicópatas. Si su disfraz de enfermera nos recuerda la profesión de Pam Grier en *Coffy* y el parche remite a la vengadora protagonista de la película sueca *Thriller - en grym film* (1973) de Alex Fridolinski (seudónimo de Bo Arne Vibenius), el silbido de «Twisted Nerve» es una referencia directa al psicópata protagonista del film de Boulting, que además quiere acabar con la vida de su padrastro. El recurso de la pantalla partida es un guiño a uno de los directores favoritos de Tarantino, Brian de Palma, y especialmente a su *Vestida para matar* (*Dressed to Kill*, 1980), donde De Palma la utilizaba: en la parte derecha vemos a Elle Driver vistiéndose para matar.

Y DESPUÉS DE LA PELÍCULA: Como en otras ocasiones, Tarantino recuperó una banda sonora que había pasado desapercibida desde que se estrenara la película original. Más de 35 años más tarde, el silbido «Twisted Nerve» tuvo una segunda vida ligado al recuerdo del film de Tarantino. Ahora es EL silbido de *Kill Bill*. Y *Nervios rotos* solo una curiosidad para cinéfilos. Desde entonces, la pieza fue utilizada de manera recurrente en la primera temporada de la serie *American Horror Story* (2011). El propio Tarantino hizo un guiño al impacto del silbido en la época y lo reutilizó en 2007 como el tono del móvil del personaje de Rosario Dawson en *Death Proof*.

Fotograma del film
Twisted Nerve *(Nervios rotos), de Roy Boulting.*

You Never Can Tell
Chuck Berry

PELÍCULA: *Pulp Fiction*
ESCENA: Es el twist que Vincent y Mia bailan en el concurso de Jack Rabbit Slim. Por imposición de ella, el matón vence sus reticencias y baila con la esposa del jefe. La escena concluye antes de que la canción acabe y en la siguiente descubriremos que ganaron el concurso.
VERSIÓN: Canción original de Chuck Berry, formó parte de su disco *St. Louis to Liverpool* (1964). La compuso en la cárcel y trata sobre la vida de casados de una pareja joven.

También conocida como «C'est la vie» porque el último verso de cada estrofa reza "C'est la vie, say the old folks, it goes to show you never can tell". La canción ha sido versionada posteriormente, por, entre otros, Emmylou Harris, Aaron Neville, Bob Seger, Status Quo y Bruce Springsteen.

FUNCIÓN: De la misma manera que en *Reservoir Dogs* la escena más famosa tenía un baile como elemento central, igual sucede en *Pulp Fiction*. Efectivamente, el baile en el Jack Rabbit Slim es LA escena de la película, a la que más fácilmente se asocia. Paradójicamente, tratándose de Tarantino, no tiene diálogos, su fuerza reside en el poder de los actores, sus gestos, y el mundo propio que crean acompañando la canción de Chuck Berry. Certificaba, además, el regreso de John Travolta a primera línea. De hecho, se hacía un guiño directo a las habilidades danzantes del actor de *Fiebre del sábado noche* y *Grease*. Como recordaba la montadora Sally Menke, la escena «se filmó para que fuera adecuada a la canción. (...) Aunque casi toda la labor de montaje resulta meticulosa, la de esta escena fue emocionante, ya que tenía un ímpetu propio y una magia evidente: Travolta estaba bailando delante de mí».

Y DESPUÉS DE LA PELÍCULA: *Pulp Fiction* fue la primera película que contaba en su banda sonora con la pieza de Chuck Berry, probablemente sepultada hasta el momento por el recuerdo de otros clásicos del cantante y guitarrista, especialmente «Johnny B. Good», oída en films populares como *American Graffiti* (íd, 1973) de George Lucas o *Regreso al futuro* (*Back to the Future*, 1985) de Robert Zemeckis. Así, la cinta de Tarantino recuperó una canción que, desde entonces se ha podido oír en series y en cintas como, entre otras, *Limbo* (íd, 1999) de John Sayles, *Arthur y los minimoys* (*Arthur et les Minimoys*, 2006) de Luc Besson o la española *Embarazados* (2016) de Juana Macías, además de la comedia *Espía como puedas* (*Spy Hard*, 1996) de Rick Friedberg en la que se parodiaba la famosa escena.

Pulp Fiction *fue la primera película que contaba en su banda sonora con la pieza «You Never Can Tell», de Chuck Berry.*

LA HUELLA
DE TARANTINO

Amor a quemarropa
(*True Romance*, 1993)

Prod.: Samuel Hadida, Steve Perry y Bill Unger. Morgan Creek. **Dir.:** Tony Scott. **G.:** QUENTIN TARANTINO. **Fot.:** Jeffrey L. Kimball. **Dir. Art.:** Benjamín Fernández. **Mús.:** Hans Zimmer. Mont.: Michael Tronick & Christian Wagner. **Vest.:** Susan Becker. **Int.:** Christian Slater, Patricia Arquette, Dennis Hopper, Christopher Walken, Val Kilmer, James Gandolfini, Gary Oldman, Michael Rapaport, Brad Pitt, Samuel L. Jackson, Bronson Pinchot, Saul Rubinek, Conchata Farrell, Chris Penn, Tom Sizemore, Victor Argo. Estados Unidos, 115 min.

Christian Slater interpreta a Clarence Worley, alter ego tarantiniano, y el personaje de Patricia Arquette toma su nombre, Alabama, de la Pam Grier de Women in Cages *(1971) de Gerardo de León.*

¿Qué es?

Thriller que mezcla amor y violencia. Clarence Worley (Christian Slater), dependiente de una tienda de cómics, recibe como regalo de cumpleaños de su jefe una velada con la prostituta Alabama (Patricia Arquette). Sin embargo, la pareja se enamora apasionadamente y contrae matrimonio. Clarence visita a Drexl (Gary Oldman), el chulo de su ya esposa, para recoger sus pertenencias y liberarla de cualquier obligación. Lo acaba matando. En su huida, por equivocación, se lleva una maleta llena de droga. Clarence y Alabama huyen a Hollywood para colocar la mercancía.

LA HUELLA TARANTINO

Fue el primer guion de Tarantino que vio la luz en manos de otro director, Tony Scott (1944-2012), hermano de Ridley. A diferencia de este que había conseguido el prestigio con filmes como *Los duelistas* (*The Duellists*, 1977), *Alien, el octavo pasajero* (*Alien*, 1979) o *Blade Runner* (íd, 1982), Tony se había especializado en dirigir vehículos para el lucimiento de estrellas de la época como *Superdetective en Hollywood II* (*Beverly Hills Cop II*, 1987) con Eddie Murphy, *El último Boy Scout* (*The Last Boy Scout*, 1991) con Bruce Willis o *Top Gun* (íd, 1986) y *Días de trueno* (*Days of Thunder*, 1990) con Tom Cruise, esta última, por cierto, incluida por Tarantino en su lista de películas favoritas. De hecho, en su libro sobre el cine independiente de los noventa, Peter Biskind presenta a Tarantino como capaz de recitar «-a cualquiera que quisiera escucharlo, y a menudo también a los que no querían- capítulos y versos, tomas y fragmentos de diálogo de cualquier película de Tony Scott que le mencionasen».

Director y guionista entraron en contacto a través de Cine Tel, la productora de *El último Boy Scout* y de *Past Midnight*, telefilm que Tarantino había ayudado a reescribir. El guion del film está repleto de apuntes autobiográficos como la mala relación entre Clarence y su padre (Dennis Hopper) o el trabajo del protagonista, análogo al de Tarantino en Video Archives, y argumentalmente recogía elementos (una prostituta como regalo) y diálogos («No soy marica, pero si tuviera que follarme a un tío, me lo haría con Elvis Presley») de su mediometraje *My Best Friend's Birthday*.

Por otra parte, aparecían específicamente fragmentos de films de géneros de cabecera de Tarantino: en el cine en que se conoce la pareja, Clarence ha ido a ver un ciclo de films, la saga de *The Street Fighter* con Sonny Chiba, más adelante Alabama verá en la tele el *thriller A Better Tomorrow II* (1987) de John Woo y en la madriguera de Drexl, un clásico de la *blaxploitation, The Mack* (1973) de Michael Campus. Sin embargo, Scott haría dos cambios en el guion: contaría la historia de manera cronológica, ya que en el original había ya la típica fragmentación tarantiniana y Clarence no moriría en el final.

Patricia Arquette empezaba a despuntar cuando realizó Amor a quemarropa. *Antes había intervenido en* Extraño vínculo de sangre *(1991) de Sean Penn y poco después sería una presencia turbadora en* Carretera perdida *(1997) de David Lynch. Ganaría el Oscar por* Boyhood *(2014) de Richard Linklater.*

Killing Zoe
(*Killing Zoe*, 1993)

Prod.: Samuel Hadida. Davis Film. **Prod. Ejec.:** QUENTIN TARANTINO y Lawrence Bender. **Dir.:** Roger Avary. **G.:** Roger Avary. **Fot.:** Tom Richmond. **Dir. Art.:** David Wasco. **Mús.:** Tomandany. **Mont.:** Kathryn Himoff. **Vest.:** Mary Claire Hannan. **Int.:** Eric Stoltz, Jean-Hughes Anglade, Julie Delpy, Gary Kemp, Bruce Ramsay, Kario Salem, Tai Thai, Salvator Xuereb, Giancarlo Scandiuzzi, Cecilia Peck. Estados Unidos y Francia, 92 min.

¿Qué es?

Crónica de un atraco desde sus preparativos. Zed (Eric Stoltz), especialista en abrir cajas fuertes, viaja de Estados Unidos a París para participar en un atraco a un banco junto a su amigo Éric (Jean-Hughes Anglade). Pasa la noche anterior con Zoe (Julie Delpy), una prostituta que se enamora de él. Al día siguiente, Zed descubre durante el robo que Zoe trabaja en ese banco. El ataque se complica con ramalazos de violencia de Éric y su banda.

LA HUELLA TARANTINO

De todos los *thrillers* que llegaron como consecuencia del impacto de *Reservoir Dogs* (y *Pulp Fiction*), *Killing Zoe* partía como alumno aventajado al estar dirigida y guionizada por el amigo y excompañero de Tarantino en Video Archives, Roger Avary (1965), quien ya había escrito junto a Quentin los diálogos de locutor K-Billy en *Reservoir*. Además, Avary se encargó de reescribir el final de *Amor a quemarropa*.

Violencia sin complejos en Killing Zoe.

Igual que Tarantino, Avary representa la cultura de videoclub forjada en títulos que rara vez aparecen en libros de historia del cine. Entre los dos colegas se retaban y acostumbraba a salir vencedor el futuro director de *Pulp Fiction* debido a su conocimiento enciclopédico. La relación acabó mal, en medio de acusaciones por parte de Avary de apropiación de ideas que se resolvieron en un crédito como coargumentista de *Pulp*. *Killing Zoe*, realizada antes que *Pulp Fiction*, se benefició de la publicidad que le daba la participación de Tarantino como productor ejecutivo de la cinta. El film de Avary comparte con *Reservoir Dogs* la premisa de

Eric Stoltz y Julie Delpy viven una accidentada historia de amor en la ópera prima de Roger Avary.

la trama, un atraco que sale mal, pero explicita lo que Tarantino eludía en su debut, el atraco mismo. En ambas también la acción se desarrollaba mayoritariamente en espacios cerrados, allí la guarida, aquí el lugar del crimen. Además, *Killing Zoe* también hacía gala de elementos primordiales de aquella primera cinta como la verbosidad y la brutalidad de la violencia. A pesar de la conjugación de estos elementos, en el reto de las primeras películas volvía a ganar Tarantino.

Así, la carga de diálogos del film, que incluye algún que otro chiste que sería intercambiable en películas de Tarantino, ralentiza la acción, sobre todo, en una larga secuencia en la que los atracadores salen de juerga la víspera y toman drogas. De esa manera se retrasa sin gran justificación la promesa que se le hace al espectador, el golpe a la entidad bancaria. En cuanto a la violencia, la falta de escrúpulos de Éric, el uso de metralletas y el nerviosismo de los miembros de su banda permiten la plasmación de actos brutales como el asesinato de rehenes o la muerte de Éric, cuya sangre salpica a Zoe. Sin embargo, la violencia, a veces dotada de cierta espectacularidad, no traspasa niveles emocionales como sucedía en *Reservoir*. Por otra parte, la cinta se adelanta a *Pulp Fiction* en el uso de las drogas como elemento de la trama.

Amor del calibre 45
(*Love and a .45*, 1994)

Prod.: Darin Scott. Trimark. **Dir.:** C. M. Talkington. **G.:** C. M. Talkington. **Fot.:** Tom Richmond. **Dir. Art.:** Deborah Pastor. **Mús.:** Tom Verlaine. **Mont.:** Bob Ducsay. **Vest.:** Kari Perkins. **Int.:** Gil Bellows, Renée Zellwegger, Rory Cochrane, Jeffrey Combs, Jace Alexander, Peter Fonda, Ann Wedgeworth, Michael Bowen. Estados Unidos, 97 min.

¿Qué es?

Road movie alucinada sobre una pareja de criminales a la fuga hacia México. Watty Watts (Gil Bellows) y Starlene Cheatham (Renée Zellweger) son jóvenes amantes y atracadores

de estaciones de servicio. Para pagar una deuda Watty participa en un golpe ideado por su amigo drogadicto Billy Mack (Rory Cochrane). El ataque sale mal, Billy mata a la cajera y este y Watty se pelean violentamente. Watty y Starlene huirán tanto de la policía como de la sed de venganza de Billy.

LA HUELLA TARANTINO

Único largometraje de ficción dirigido por el músico C. M. Talkington (1966), la cinta ha sido reivindicada por el propio Quentin Tarantino como la mejor de todas las imitaciones de sus primeros films. Estrenada el mismo año que *Pulp Fiction,* su conexión con nuestro cineasta no solo se refiere a *Reservoir Dogs,* sino a los guiones de *Amor a quemarropa* y *Asesinos natos,* si bien esta última data también de 1994. En una entrevista en 2015 con el bloguero

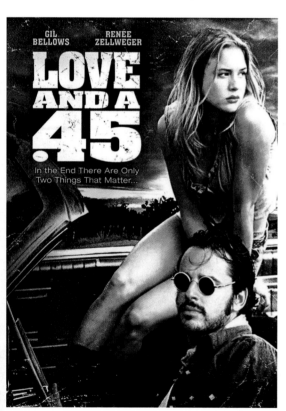

Paul Rowlands, Talkington negaba haber visto ningún film de Tarantino antes de la escritura del guion. «Finalmente vi *Reservoir Dogs* después de terminarlo y había en ella varias cosas similares a las mías. Pensé en quitarlas porque sabía que se me iba a poner en la picota, pero al final las dejé. (...) Tomo como un gran cumplido que [Tarantino] se acuerde de mi película y le guste. La ha defendido más que ningún otro. La mantiene viva hablando de ella en entrevistas», concluía.

Amor del calibre 45 aparece como una versión histriónica del universo tarantiniano, al que ayudan unas interpretaciones poco naturalistas y un sentido del humor avieso que llega a su cota máxima con la presencia de Peter Fonda como padre de Starlene en silla de ruedas y sin la capacidad de habla. La pareja protagonista recuerda a las de *Amor a quemarropa* y, sobre todo, *Asesinos natos.* Las referencias a la televisión como contexto enfermizo y nocivo son comunes en la película de Stone y la de Talkington, así como en un guion previo no producido de este, *Savage TV.* De hecho, Talkington afirma que Stone se interesó por el guion de *Amor del calibre 45.*

Además, la violencia bruta y sin complejos, la estética de dos matones que persiguen a la pareja y escenas como la de un herido en un coche, dos torturas o la de los protagonistas apuntándose los unos a los otros recuerdan en exceso al debut de Tarantino y hacen poner en duda las declaraciones del cineasta. Como curiosidad, Michael Bowen, actor que luego aparecería en *Jackie Brown* o *Kill Bill,* tiene un papel secundario como *ranger* vengativo.

El film fue uno de los primeros papeles protagonistas de Renée Zellweger antes de conseguir el estrellato con *Jerry Maguire* (íd, 1996) de Cameron Crowe. Para encarnar a Watty fue descartado por la productora el entonces desconocido Matthew McConoughey. Ese mismo año Gil Bellows tendría un papel secundario, pero destacado, en *Cadena perpetua* (*The Shawshank Redemption,* 1994) de Frank Darabont.

Restaurant Dogs
(1994)

Cortometraje universitario. Prod.: Eli Roth, Randy Pearlstein, Gabe Roth y Sol Joseph. Gorilla Filmmaking. **Dir.:** Eli Roth. **G.:** Eli Roth. **Fot.:** Sol Joseph, en B/N y color. **Dir. Art.:** Shana Burns. **Mont.:** Eli Roth. **Vest.:** Cora H. Roth. **Int:** Randy Pearlstein, Sam Brown, Illisa Wood, Michael X. Camp, Tom Lazare, Doug McDermott, Nick Taylor, Dan Kinsella, Jermaine Cheeseborough, James Litkett. 10 min.

¿Qué es?

Parodia marciana. Un joven (Randy Pearlstein) pide un batido de chocolate en un Burger King, pero no se lo pueden dar porque una banda liderada por Ronald McDonald (Sam

Brown) se está quedando los productos del reino. McDonald ha secuestrado a la hija del rey, Dairy Queen (Illisa Wood), la vaca que proporciona la leche. El rey pide al chico que la rescate.

LA HUELLA TARANTINO

Restaurant Dogs ejemplifica la influencia de Tarantino, por entonces con tan solo una película, en los estudiantes de cine de la época. Realizada antes del estreno de *Pulp Fiction*, fue la obra de graduación de Eli Roth (1972) en la Universidad de Nueva York, donde estudiaba cine. Pese a la valoración negativa de sus profesores, la pieza fue premiada en los Oscars estudiantiles de la Academia de Hollywood y, como tal, se llegó a ver en una ceremonia en el MOMA (Museo de Arte Moderno de Nueva York). Esa fue la única sala en que se proyectó hasta que Roth la mostró públicamente en redes sociales en 2015.

Parodia extraña del primer film de Tarantino, sustituye los miembros de la banda de Joe Cabot por personajes del mundo McDonalds como Hamburglar o Grimace, liderados por el payaso Ronald, aquí en su versión más violenta. Ade-

Una curiosa parodia del primer film de Tarantino realizada por Eli Roth.

más del título, el cortometraje referencia directamente al film en la presentación de personajes a cámara lenta sobre fondo enladrillado y con la canción de George Baker Selection. La obra, de desarrollo distinto al de *Reservoir*, bebe de otras fuentes como las animaciones de los Monty Python, recreadas aquí por Roth para aligerar la acción. El propio cineasta definía el corto como todo lo que le gustaba «puesto en una sola película». También se percibe la afición de Roth por el gore, elemento fundamental de sus largometrajes como director, por ejemplo, su debut *Cabin Fever* (íd, 2002) o el díptico formado por *Hostel* (2005) y *Hostel 2* (2007) producido por Quentin Tarantino.

La relación con el director de *Pulp Fiction* se extiende a la colaboración en dos films. Además de ser uno de los directores amigos encargados de los tráilers falsos del proyecto *Grindhouse* -en el suyo, *Thanskiving* (2007), también se decapitaba a gente disfrazada, como en *Restaurant Dogs*-, Roth aparecía como actor en *Death Proof*, en el papel de uno de los moscones de las primeras víctimas de Stuntman Mike, y en *Malditos bastardos*, donde encarnaba al cazanazis Donny Donowitz, emparentado, gracias a uno de los habituales juegos tarantinianos, con Lee Donowitz, el productor de cine encarnado por Saul Rubinek en *Amor a quemarropa* que negociaba la compra de la droga con el protagonista.

Abierto hasta el amanecer
(*From Dusk Till Dawn*, 1996)

Prod.: Gianni Nunnari y Meir Tepper. A Band Apart y Los Hooligans Productions. **Prod. Ejec.:** QUENTIN TARAN-
TINO, Lawrence Bender y Robert Rodríguez. **Dir.:** Robert Rodríguez. **G.:** QUENTIN TARANTINO, a partir de un
argumento de Robert Kurtzman. **Fot.:** Guillermo Navarro. **Dir. Art.:** Cecilia Montiel. **Mús.:** Graeme Revell. **Mont.:**
Robert Rodríguez. **Vest.:** Graciela Mazón. **Int.:** George Clooney, QUENTIN TARANTINO, Harvey Keitel, Juliette
Lewis, Ernest Liu, Fred Williamson, Tom Savini, Salma Hayek, Cheech Marin, Danny Trejo, Marc Lawrence, Michael
Parks, Brenda Hillhouse, Kelly Preston, John Hawkes. Estados Unidos, 104 min.

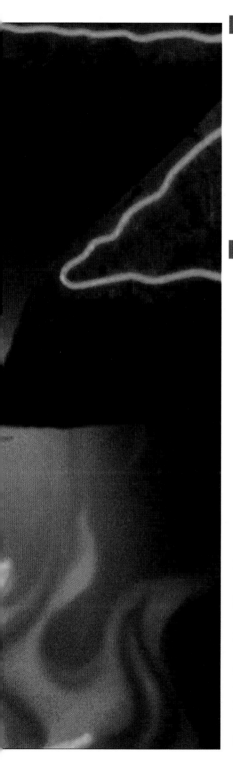

¿Qué es?

Thriller fronterizo de vampiros. Seth Geko (George Clooney) y su hermano Richard (Quentin Tarantino), peligrosos criminales, huyen de la policía hacia México. Toman como rehenes a un padre, Jacob Fuller (Harvey Keitel), sacerdote que ha perdido la fe, y sus dos hijos, Kate (Juliette Lewis) y Scott (Ernest Liu). Pasada la frontera, recalan en un tugurio: La teta enroscada (Titty Twister). Pasarán la noche en él. Ignoran que lo regentan vampiros. Junto a otros clientes del bar, librarán una batalla contra esas criaturas de la noche.

LA HUELLA TARANTINO

La huella del guion de Tarantino es tan marcada que se diría que la película está codirigida por él. El libreto había sido un encargo del especialista en efectos de maquillaje Robert Kurtzman y Tarantino lo había redactado en dos semanas por 1500 dólares. Después de *Pulp Fiction*, los productores Nunnari y Teper adquirieron los derechos y contactaron con Tarantino, que les sugirió a su amigo Robert Rodríguez (1968) como director. A su vez Rodríguez tanteó al de Knoxville para que encarnara a Richard. Aceptó, pero lo retocó quitándole muchos de los chistes que tenía en un principio para distanciarse de los personajes con los que se le solía asociar.

El film, por tono, presenta dos partes diferenciadas. La llegada a La teta enroscada funciona de separador. En la primera, *thriller* violento, es donde la marca de Tarantino era más visible en aquel momento que tan solo había realizado *Reservoir Dogs* y *Pulp Fiction*. Además, los hermanos Gecko visten de forma muy parecida a los gánsters de aquellas películas y aparecían unas bolsas de la hamburguesería Big Kahuna, cadena ficticia creada por Tarantino en sus films. Además, fue él quien eligió a Michael Parks para el papel de Earl McGraw, personaje de futuras cintas suyas.

La segunda parte se centra en la batalla sangrienta y viscosa contra los vampiros. Exceptuan-

El sensual baile de Salma Hayek en Abierto hasta el amanecer *la convirtió en un mito erótico.*

Quentin Tarantino ofrece en Abierto hasta el amanecer *su trabajo más destacado como actor.*

do la plasmación de la fantasía fetichista de Tarantino en la escena en que lame los pies de Salma Hayek en el célebre baile de la actriz mexicana -los films de Tarantino están repletos de planos de pies femeninos-, aquí es donde era más reconocible el mundo de Rodríguez con, además, la presencia de actores habituales suyos como Hayek o Danny Trejo o artefactos ingeniosos como la pistola testicular ya vista en *Desperado* (1995). Sin embargo, con el tiempo, esta segunda mitad se antoja también tarantiniana, ya que anuncia posteriores masacres como el duelo contra los 88 maníacos de *Kill Bill* o los tiroteos finales de *Django desencadenado*.

Sea como fuere, con *Abierto hasta el amanecer* Rodríguez y Tarantino ya hicieron su primera *explotation* doce años antes del proyecto *Grindhouse*.

Caiga quien caiga
(1995)

¿Qué es?

Formato televisivo argentino creado y presentado por Mario Pergolini y emitido en América TV hasta 1999. Después se retomaría en diversas ocasiones con distintos presentadores y cadenas diferentes hasta su adiós definitivo en 2013. El formato fue adaptado por varios países, entre ellos, España, Italia, Francia y Brasil. Se llegó a grabar incluso un programa piloto en 2008 para su adaptación americana con Dominic Monaghan, entonces popular por la serie *Lost*, y el cómico Zach Selwyn, pero no prosperó.

Se trata de un informativo satírico en que reporteros desvergonzados hacen preguntas incómodas a los protagonistas de la actualidad. En España se emitió por primera vez en 1996 en Tele 5 y El Gran Wyoming encabezaba el trío de presentadores. En diversas etapas posteriores, Manel Fuentes en Tele 5 y Frank Blanco en La Sexta reemplazaron a Wyoming. En su última temporada, en 2010 en Cuatro, fue presentado por mujeres, con la actriz Ana Milán como la conductora principal. A lo largo de toda la historia del programa, han formado parte de él personajes populares como Pablo Carbonell, Arturo Valls, Christian Gálvez o Silvia Abril.

LA HUELLA TARANTINO

La indumentaria de presentadores y reporteros es un guiño directo a la de los protagonistas de *Reservoir Dogs*. Vestidos con chaqueta, corbata negra y camisa blanca, y exhibiendo

Tommy Lee Jones y Will Smith en Men in Black *(1997), cazaextraterrestres vestidos como* reservoir dogs. *Tarantino rechazó dirigirla.*

En España se emitió Caiga quien caiga *por primera vez en 1996 y El Gran Wyoming encabezó el trío de presentadores. En la imagen, Manel Fuentes, entre Arturo Valls y Eduardo Aldán, asumió el proyecto en una etapa posterior.*

desparpajo, sustituían la violencia y la agresividad de los perros tarantinescos por el ingenio y la insolencia, el arma física por el arma verbal. También tuvieron especial importancia las gafas de sol: en ocasiones, la finalidad del reportaje era entregarle unas a los protagonistas, especialmente políticos.

La versión que más ha evidenciado su deuda con el director de Knoxville es la italiana. De hecho, su título, *Le iene* (*Las hienas*), es una referencia directa a *Reservoir Dogs*, estrenada allí como *Le iene* y entre sus reporteros se cuenta un Mr. Brown. En antena todavía en 2018 sin haber cambiado de canal (Italia1), *Le iene* fue creada en 1997 por Davide Parenti. Su primer presentador central fue Simona Ventura y a lo largo de la exitosa historia del programa han participado en él el novelista Fabio Volo, el actor Alessandro Gassman o el luego director de cine Pif.

Otra producción derivada de la estética de *Reservoir Dogs* fue la cinta *Men in Black* (íd, 1997) de Barry Sonnenfeld y protagonizada por Will Smith y Tommy Lee Jones, adaptación del cómic de Lowell Cunningham creado en 1990. Si bien la obra original es anterior a *Reservoir Dogs* y sus protagonistas ya estaban diseñados con igual vestimenta, la intención de aprovechar la corriente generada por la cinta de Tarantino se refleja en que *Men in Black* fue uno de los proyectos que se le ofrecieron al cineasta para realizar después de *Pulp Fiction*. Cuando este rechazó la propuesta, el elegido fue Sonnenfeld que acababa de dirigir la tarantiniana *Cómo conquistar Hollywood*. *Men in Black*, comedia de ciencia ficción acerca de dos cazadores de posibles alienígenas infiltrados entre humanos, tuvo dos secuelas firmadas por Sonnenfeld -*Men in Black 2* (2002) y *Men in Black 3* (2012)- y una serie de animación homónima (1997-2001). En 2019 se estrenará el *spinoff Men in Black: International* de F. Gary Gray, con Tessa Thompson y Chris Hemsworth.

Cómo conquistar Hollywood
(*Get Shorty*, 1995)

Prod.: Danny De Vito, Michael Shamberg y Stacey Sher. Jersey Films. **Dir.:** Barry Sonnenfeld. **G.:** Scott Frank, basado en la novela de Elmore Leonard. **Fot.:** Don Peterman. **Dir. Art.:** Peter Larkin. **Mús.:** John Lurie. **Mont.:** Jim Miller. **Vest.:** Betsy Heimann. **Int.:** John Travolta, René Russo, Gene Hackman, Danny De Vito, Dennis Farina, Delroy Lindo, James Gandolfini, David Paymer, Alex Rocco, Miguel Sandoval, Bette Midler, Penny Marshall, Harvey Keitel. Estados Unidos, 100 min.

¿Qué es?

Comedia de mafiosos cinéfilos. El gánster Chili Palmer (John Travolta) quiere dejar la mafia para entrar en el mundo del cine. En uno de sus últimos trabajos como hampón se traslada a Los Ángeles para cobrar una deuda. Allí conoce al productor de films de bajo presupuesto

Harry Zimm (Gene Hackman), a quien ayudará a conseguir la financiación para un proyecto más ambicioso. Zimm debe dinero a Bo Catlett (Delroy Lindo), otro mafioso que querrá apartar a Palmer del negocio.

Rene Russo y John Travolta en Cómo conquistar Hollywood.

LA HUELLA TARANTINO

Pese a no estar dirigida por Tarantino, *Cómo conquistar Hollywood* aparece como una suerte de eslabón entre las dos primeras películas del cineasta y la tercera. Producido por Danny DeVito -igual que *Pulp Fiction*-, el film cuenta con una estética heredada de *Reservoir Dogs* y *Pulp*. De hecho, la diseñadora de vestuario que dio forma visual al gánster de los 90 en aquellas dos cintas, Betsy Heimann, repite labor en esta. Además, la película adapta una novela del escritor favorito de Tarantino, Elmore Leonard, algo que el propio cineasta no haría hasta dos años más tarde con *Jackie Brown*.

Si *Reservoir Dogs* evocaba desde el presente los años setenta y *Pulp Fiction* hacía lo mismo con la década anterior, sobre todo, a través de la música surfera, *Get Shorty*, ambientada en época contemporánea, se fija en la de los cincuenta a partir de referentes cinematográficos. Chili Palmer va a ver al cine *Sed de mal* (*Touch of Evil*, 1958) de Orson Welles, cuyos diálogos se sabe de memoria, y habla con su amante Karen (Rene Russo) de las actrices del Hollywood clásico. Por otra parte, los títulos de las películas que ha producido el personaje de Harry Zimm y cuyos carteles cuelgan de las paredes de su despacho -*I Married a Ghoul from Outer Space / Me casé con una criatura del espacio exterior* o *Slime Creatures / Criaturas del fango*- son un remedo de los films de terror de serie B de aquella década. Esa cinefilia de aire tarantinesco conjuga con la ironía que impregna el universo *noir* de la cinta que ya estaba en *Pulp Fiction*. Además, Sonnenfeld copia algún plano tarantiniano como el de Delroy Lindo disparando a cámara y Harvey Keitel aparece al final en un breve cameo.

Todo el aroma a lo Tarantino lo remata la presencia de John Travolta como protagonista. Fue Quentin Tarantino el que le aconsejó hacer la película y el intérprete acabó ganando el Globo de Oro al mejor actor de comedia. Su Chili Palmer es una versión sofisticada, corregida y aumentada, de aquel Vincent Vega que moría subiéndose la bragueta. Sus andares, su seguridad, su chulería, atesoran la voluntad de ir más allá del modelo original aún sirviéndose de él.

Pusher, un paseo por el abismo
(*Pusher*, 1996)

Prod.: Henrik Danstrup. Balboa Entertainment. **Dir.:** Nicolas Winding Refn. **G.:** Nicolas Winding Refn y Jens Dahl. **Fot.:** Morten Søborg. **Dir. Art.:** Kim Løvetand Julebæk. **Mús.:** Peter Peter. **Mont.:** Anne Østerud. **Vest.:** Loa Miller. **Int.:** Kim Bodnia, Laura Drasbæk, Mads Mikkelsen, Zlatko Buric, Slavko Labovic, Peter Andersson, Thomas Bo Larsen. Dinamarca, 95 min.

¿Qué es?

La espiral de desesperación a la que se ve abocado un camello después de un negocio frustrado. Frank (Kim Bodnia), al que le suele acompañar su compinche Tonny (Mads Mikkelsen), consigue que el mafioso serbio Milo (Zlatko Buric) le proporcione una cantidad importante de droga para una venta ya pactada. Sin embargo, se ve obligado a deshacerse de la mercancía a causa de la intervención de la policía. Sin dinero ni drogas, su deuda con Milo crece, este le amenaza con su matón Radovan (Slavko Labovic) y Frank tiene poco tiempo para saldarla.

LA HUELLA TARANTINO

Debut en la dirección del danés Nicolas Winding Refn (1970), el film no esconde su deuda con el cine de Tarantino, cuya filmografía hasta entonces solo constaba de dos films. De hecho, el director europeo incluye menciones visuales directas a los dos. Así, en una de

las visitas de Frank en su búsqueda de dinero y drogas se ve fugazmente un recorte grande de cartón de Harvey Keitel disparando en *Reservoir Dogs*. Anteriormente, en casa de Vic, mientras habla con ella por teléfono, Frank coge de una estantería el VHS de *Pulp Fiction*. Tarantino es, así, tanto un elemento de descripción de los personajes que habitan la trama como un referente del film.

El marco en el que se mueven los protagonistas, la violencia y la droga, remiten al mundo tarantiniano. La pareja formada por Frank y Tonny es una versión menos sofisticada de Jules y Vincent y sus conversaciones en coche ejemplifican una variante más procaz de los diálogos de aquellos. Desprovista de las referencias retro de *Pulp Fiction* y de la claridad estética de *Reservoir Dogs*, *Pusher* aporta una mirada feísta, urbana y oscura al mundo tarantiniano, ya que comparte con *Reservoir Dogs* la brutalidad de su violencia, incluída una escena de tortura final.

La cinta está dividida en siete capítulos a partir de los días de la semana, pero la influencia del director noteamericano en cuanto a la estructura va más allá del film y alcanza a las dos secuelas que dirigió casi una década después Winding Refn: *Con las manos ensangrentadas* (*Pusher II*, 2004) y *Soy el ángel de la muerte* (*Pusher III*, 2005). Refn adaptó en su trilogía el concepto de *Pulp Fiction* por el que diversos personajes aparecían en funciones distintas en las tres historias que la conformaban. De ese modo, el protagonista de *Pusher II* es Tonny y el de *Pusher III* Milo, quien participa brevemente en la segunda. Frank no aparece en ninguna de las otras dos, aunque es citado en *Pusher II*. En esta trilogía, interesada en hacer retrato

Frank (Kim Bodnia, derecha) y Tonny (Mads Mikkelsen) en Pusher *conforman una pareja menos sofisticada que la de Vincent y Jules en* Pulp Fiction. *Secundario en la cinta, Mikkelsen se convertiría en uno de los mejores actores daneses de su generación. Premiado en el Festival de Cannes por* La caza *(2012) de Thomas Vinterberg, fue villano Bond en* Casino Royale *(2006) de Martin Campbell.*

psicológico de sus protagonistas, la más cercana al mundo tarantiniano es la primera. La distancia de unos diez años entre esta y las demás, separadas también por la realización de otros dos films en ese periodo, matizó dicha influencia. Incluso *Pusher III* supera la brutalidad de la violencia de *Reservoir* con el despedazamiento de un cadáver.

Swingers
(*Swingers*, 1996)

Prod.: Victor Simpkins y Jon Favreau. Independent Pictures. **Dir:** Doug Liman. **G.:** Jon Favreau. **Fot.:** Doug Liman. **Mús.:** Justin Reinhardt. **Mont.:** Stephen Mirrione. **Int.:** Jon Favreau, Vince Vaughn, Ron Livingston, Patrick van Horn y Heather Graham. Estados Unidos, 99 min.

¿Qué es?

Incursión en la noche de Hollywood. Mike (Jon Favreau), un actor sin suerte, todavía está marcado por el recuerdo de su novia, que lo abandonó medio año atrás. Sus amigos, especialmente el fanfarrón Trent (Vince Vaughn), intentan que olvide su antiguo amor y conozca nuevas mujeres.

LA HUELLA TARANTINO

El segundo y verborreico film de Doug Liman (1965), cineasta que después sería absorbido por Hollywood para ponerse al frente de películas como *El caso Bourne*

(2002), *Sr. y Sra. Smith* (2005) o *Al filo del mañana* (2014), mencionaba explícitamente la ópera prima de Tarantino tanto oral como visualmente. En una escena típicamente taran-

Swingers tiene como protagonistas a Jon Favreau, en el exremo izquierdo, y Vince Vaughn, en el centro.

tiniana, durante la conversación entre amigos alrededor de una mesa, rodada con un movimiento circular, los protagonistas discutían sobre la originalidad del director de *Pulp Fiction* y su conexión con el cine de Scorsese. Como remate irónico de la supuesta crítica al cineasta de Knoxville, el copiador copiado, en la siguiente escena Favreau, Vaughn y compañía ejecutaban su propia versión de la icónica marcha inicial de los protagonistas de *Reservoir Dogs* al ralentí sobre un fondo enladrillado. Además, un cartel de *Reservoir Dogs* decoraba una de las paredes del piso de uno de los amigos.

Más allá de alusiones directas, visuales o verbales, la película, alejada del género negro que Tarantino había abordado hasta el momento, ofrecía diálogos *à la* Tarantino, es decir, banales, cotidianos, sobre temas como los videojuegos, el cine o formas de ligar. Impulsada por Jon Favreau -actor, guionista y productor-, la película, una mirada afectuosa a los fracasados de la Meca del cine, fue distribuida por Miramax, la compañía de los hermanos Weinstein, que también se había encargado de la difusión de *Reservoir Dogs*.

Corre, Lola, corre
(*Lola rennt*, 1998)

Prod.: Stefan Arndt. X-Filme Creative Pool. **Dir.:** Tom Tykwer. **G.:** Tom Tykwer. **Fot.:** Frank Griebe. **Dir. Art.:** Alexander Manasse. **Mús.:** Tom Tykwer, Johnny Klimek y Reinhold Hell. **Mont.:** Mathilde Bonnefoy. **Vest.:** Monika Jacobs. **Int.:** Franka Potente, Moritz Bleibtreu, Herbert Knaup, Nina Petri, Joachim Król, Armin Rohde, Heino Ferch, Suzanne von Borsody, Sebastian Schnipper. Alemania, 76 min.

¿Qué es?

Tres versiones de la misma historia; solo una de ellas con final satisfactorio para los protagonistas. Reflexión sobre el destino, el azar y las decisiones vitales, el film narra de tres maneras diferentes y con variaciones la carrera a contrarreloj de Lola (Franka Potente) para conseguir en veinte minutos el dinero que ha perdido su novio Manni (Moritz Bleibtreu) y que debía entregar a su jefe mafioso.

LA HUELLA TARANTINO

Tercera película del alemán Tom Tykwer (1965), solo dos años menor que Tarantino. *Corre, Lola, corre* participa de la fragmentación del relato que puso de moda *Pulp Fiction*. Sin embargo, la variación que hace singular al film alemán en relación al original es que cuenta la misma historia tres veces a partir de cómo los pequeños detalles y las decisiones instantáneas pueden condicionar el desarrollo de la acción y el destino de los personajes. Concepto que el cine ya había recogido en la española *La vida en un hilo* (1945) de Edgar Neville y que se vería plasmado en la británica *Dos vidas en un instante* (*Sliding Doors*, 1998) de Peter Howitt el mismo año de *Corre, Lola, corre*. Además de la estructura general del film, Tykwer incide en ello a través de pequeños resúmenes en forma de *flashes* sobre la(s) vida(s) futura(s) de personajes que se cruzan con la protagonista.

Este film hipervitaminado tiene personalidad propia a través de un montaje rápido, profusión de planos cortos y la música constante y uniforme. En este sentido, una influencia clara tarantiniana es el uso de la canción «What a Difference a Day Makes», de Dinah Washington, que rompe con la coherencia sonora que había tenido la cinta y que funciona como un comentario irónico en el desenlace trágico de la primera versión de la historia.

Corre, Lola, corre
supuso el descubrimiento internacional de dos jóvenes actores alemanes: Moritz Bleibtreu y, sobre todo, Franka Potente, la verdadera protagonista de la cinta.

Paradójicamente, en la secuencia inicial de los títulos de crédito Tykwer utiliza tres recursos de los que haría uso Tarantino en films posteriores: introducción de un clip animado (como en *Kil Bill, Vol 1*), imperfecciones de la imagen (como en *Death Proof*) e identificación individual de los actores (como en *Kill Bill, Vol 2*).

La relación entre los directores va más allá de la correspondencia visual o narrativa entre sus películas. Tykwer ejerció en *Malditos bastardos* como traductor de los diálogos alemanes y participó en la promoción del film en su país. Igualmente, el cineasta norteamericano expresó su admiración por *El perfume: historia de un asesino* (*Perfume: The Story of a Murderer*, 2006), la adaptación que hizo Tykwer de la célebre novela de Patrick Süskind.

Lock & Stock
(*Lock, Stock and Two Smoking Barrels*, 1998)

Prod.: Matthew Vaughn. Ska Films. **Dir.:** Guy Ritchie. **G.:** Guy Ritchie. **Fot.:** Tim Maurice-Jones. **Dir. Art.:** Iain Andrews y Eve Mavrakis. **Mús.:** David A. Hughes y John Murphy. **Mont.:** Niven Howie. **Vest.:** Stephanie Colle. **Int.:** Nick Moran, Jason Flemyng, Jason Statham, Dexter Fletcher, Steven Mackintosh, Nicholas Rowe, Frank Harper, Vinnie Jones, Lenny McLean, P.H. Moriarty, Vas Blackwood, Sting. Reino Unido, 103 min.

¿Qué es?

Comedia negra, pone en relación varias bandas criminales a partir de la deuda que contraen el jugador Eddy (Nick Moran) y sus amigos Tom (Jason Flemyng), Bacon (Jason Statham) y Soap (Dexter Fletcher) con el mafioso Harry el Hacha (P.H. Moriarty). Amenazados con sus vidas y con la pérdida del bar del padre de Eddy (Sting), los jóvenes planean robar a una banda criminal vecina una vez que esta haya llevado a cabo el golpe que preparan contra unos traficantes y del que los protagonistas se han enterado a través de los finos tabiques del edificio.

LA HUELLA TARANTINO

Primer largometraje de Guy Ritchie (1968), director hasta entonces de publicidad y de un corto, *The Hard Case* (1995). *Lock & Stock*, cuyo título original hace referencia a la expresión *Lock, stock, and barrel* que significa 'todo', se ve en el

mundo creado por Tarantino en sus dos primeras películas, *Reservoir Dogs* y *Pulp Fiction*. Si bien la estética sucia y ocre del film de Ritchie, así como un sentido del humor más obvio y caricaturesco y unos ángulos de cámara forzados le otorgan su propia personalidad, varias situaciones recuerdan a otras mostradas en la primera etapa del cineasta americano, aunque pasadas por el filtro de Ritchie. Así, por ejemplo, la llegada de los protagonistas, todos de negro, al local de la partida sobre fondo enladrillado remite al inicio de *Reservoir Dogs,* igual que el hombre ensangrentado en la entrada de la guarida de los narcotraficantes es un guiño al Sr. Naranja. De la misma manera habrá disparos accidentales como el de Vincent en *Pulp Fiction,* otros a bocajarro y un hombre negro torturado semidesnudo y amordazado con una mandarina que evoca a Marsellus Wallace. Las variaciones que aplica Ritchie a estas situaciones y que las diferencian del modelo original se ejemplifican con la modificación de un típico plano tarantiniano, la visión desde dentro del maletero de un coche abriéndose: el director británico cambia el vehículo por una cama de bronceado en la escena en que el esbirro Chris (Vinnie Jones) amenaza a un moroso que está tomando los rayos uva. Por otra parte,

En un papel secundario como esbirro cobrador de deudas, el antiguo jugador de fútbol Vinnie Jones hacía su debut como actor de cine, carrera que continuó posteriormente con films como 60 segundos *(2000) de Dominic Sena o* Hell Ride *(2008) de Larry Bishop.*

la banda sonora del film, siguiendo la lógica tarantiniana, se sirve de piezas preexistentes de artistas como James Brown, Dusty Springfield, Robbie Williams o incluso del griego Mikis Theodorakis para el film *Zorba, el griego* (1964) de Michael Cacoyannis.

Guy Ritchie seguiría fijándose en el director de Knoxville en cintas como *Snatch: cerdos y diamantes* (*Snatch*, 2000), con Brad Pitt y Benicio del Toro, acerca de un diamante robado, y *RocknRolla* (íd, 2008), una trama de juego y estafas. Más tarde, se encargaría de grandes producciones como *Sherlock Holmes* (íd, 2009), *Operación U.N.C.L.E.* (*The Man from U.N.C.L.E.*, 2015) o *Aladdín* (2019).

Viviendo sin límites
(*Go*, 1999)

Prod.: Paul Rosenberg, Mickey Liddell, Matt Freeman y John August. Banner Entertainment. **Dir:** Doug Liman. **G.:** John August. **Fot.:** Doug Liman. **Mús.:** BT. **Mont.:** Stephen Mirrione. **Int.:** Sarah Polley, Jay Mohr, Scott Wolf, William Fichtner, Desmond Askew, Taye Diggs, Katie Holmes, Timothy Olyphant, Jane Krakowski, Melissa McCarthy. Estados Unidos, 99 min.

¿Qué es?

La canadiense Sarah Polley, protagonista de Viviendo sin límites *y de films como* El dulce porvenir *(1997) de Atom Egoyan y* Mi vida sin mí *(2003) de Isabel Coixet, debutaría como directora con* Lejos de ella *(2007), drama con Julie Christie en el papel de enferma de Alzheimer.*

Tres historias en una. Ronna (Sarah Polley), a punto de ser desahuciada, necesita dinero e intenta traficar con drogas por una noche para poder pagar el alquiler del piso. El alocado Simon (Desmond Askew), el camello de cuya ausencia se va a aprovechar Ronna, viaja a Las Vegas con unos amigos y tiene un encontronazo con unos mafiosos que van a clamar venganza. Adam y Zack (Scott Wolf y Jay Mohr), dos actores que han de saldar su cuenta con la ley, ayudan al oficial Burke (William Fichtner) a dar caza a Simon, pero solo encuentran a Ronna.

LA HUELLA TARANTINO

Si en su segunda película, *Swingers*, el director Doug Liman hacía guiños a *Reservoir Dogs*, en su tercera obra se fija sin disimulo en *Pulp Fiction* de la que adapta su estructura capitular. Los segmentos, igual que *Reservoir Dogs*, se titulan a partir de los nombres de los protagonistas: Ronna, Simon y Adam & Zack. En este caso, y

a diferencia de *Pulp Fiction*, la alteración temporal le hace iniciar cada uno de los tres fragmentos de la misma manera, en el momento en que Ronna accede a hacerse cargo del turno de Simon en el supermercado en que ambos trabajan. Igual que en el film de Tarantino, un prólogo situado en una cafetería -ahora una conversación entre Claire (Katie Holmes), amiga de Ronna, y Gaines (Timothy Olyphant), el traficante que le vende la mercancía a Simon- será recuperado en el tramo final de la obra.

Pero la huella tarantiniana no se queda solamente en la estructura narrativa, sino que abarca también la desinhibición de los diálogos que por su tono sexual se aproximan mucho a los del Kevin Smith de *Clerks* (1994), la utilización de ciertos planos característicos de nues-

tro cineasta -el del maletero del coche abriéndose visto desde dentro-, la utilización de músicas variadas como la «Macarena» de los del Río para una escena de alucinación o piezas de No Doubt y Massive Attack y la inclusión de situaciones cómicas inesperadas, como puede ser la invitación de Burke a Adam y Zack a cenar con él y su esposa Irene (Jane Krakowski), velada repleta de insinuaciones homosexuales hacia Zack. *Viviendo sin límites* está considerada como una de las mejores copias que surgieron a raíz de la revolución *Pulp Fiction*, de la que se adapta el modelo a un público más joven si cabe, con personajes postadolescentes que se mueven con facilidad en un entorno de drogas, sexo y violencia. Dinámica, juguetona, en ocasiones sorprendente y siempre consciente de su rango, no intenta superar el modelo.

InterMission
(*Intermission*, 2003)

Prod.: Neil Jordan, Alan Moloney y Stephen Woolley. Company of Wolves, Parallel Film Productions y Portman Film. **Dir.:** John Crowley. **G.:** Mark O'Rowe. **Fot.:** Ryszard Lenzewski. **Dir. Art.:** Tom Conroy y Susie Cullen. **Mús.:** John Murphy. **Mont.:** Lucia Zucchetti. **Vest.:** Lorna Marie Mugan. **Int.:** Cillian Murphy, Kelly MacDonald, Colin Farrell, Colm Meaney, Shirley Henderson, Brian F. O'Byrne, David Wilmot, Ger Ryan, Deirdre O'Kane, Michael McElhatton, Owen Roe. 101 min. Irlanda.

¿Qué es?

Diversos personajes se entrecruzan alrededor de la ruptura de la pareja formada por los jóvenes John (Cillian Murphy) y Deirdre (Kelly Macdonald). Él no supera el hecho de que, pocos meses después de abandonarlo ella, ya viva con otro, Sam (Michael McElhatton), director de banco que ha abandonado a su esposa (Deirdre O'Kane) por la joven. Por otra parte, el agresivo delincuente Lehiff (Colin Farrell), en el punto de mira del violento policía Jerry Lynch (Colm Meaney), convence a John y a Mick (Brian F. O'Byrne), conductor de autobús recién despedido, para robar el banco de Sam.

LA HUELLA TARANTINO

Primera película del director de teatro irlandés John Crowley (1969), cuyo mayor éxito cinematográfico sería *Brooklyn* (íd, 2015), de un estilo clásico muy distinto al de la urbana y nerviosa *InterMission*.

Cillian Murphy (abajo), John en el film, había protagonizado la cinta de ciencia ficción 28 días después (2002) de Danny Boyle y más tarde se le vería en la trilogía de Batman *de Christopher Nolan, encarnando al Espantapájaros, y en la serie* Peaky Blinders *(2013-2019).*

SMALL TOWN DELINQUENTS, SHADY COPS, PRETTY GOOD GIRLS, AND VERY, VERY, BAD BOYS.

"Ferocious, fresh, and funny... a genuine original... a first-rate ensemble..."
— Leonard Maltin, Rot Ticket

SHIRLEY HENDERSON KELLY MACDONALD COLM MEANEY
intermission
CILLIAN MURPHY COLIN FARRELL

"A true original- very smartly plotted, uproariously funny, startlingly unsettling and unexpectedly moving!"

"Exhuberantly raucous."

Crowley nunca ha escrito el guion de las películas que ha dirigido. Y es que el nombre que mejor conecta la película con el mundo de Tarantino es el de su guionista, el dramaturgo Mark O'Rowe (1970), que se dio a conocer en Irlanda con la obra *Howie el rookie* (*Howie the Rookie*, 1999), construida a base de monólogos de dos personajes marginales en los que se daban cita el humor, la violencia y situaciones excéntricas. Sin embargo, el dramaturgo no lleva bien que se relacione el estilo de sus obras con las películas de Tarantino. En una entrevista de 2014 en *The Irish Times* afirmaba: «Si hay una pistola en tu obra o un acto de violencia o un lenguaje exuberante, la gente saca a colación el nombre de Tarantino. Solo es pereza».

Pese a ello, el inicio de *InterMission* dialoga con el de *Pulp Fiction* y multiplica su brutalidad: si en la cinta de Tarantino una conversación entre una pareja desembocaba en un atraco improvisado, en la de Crowley lo que parece un acto de seducción por parte del personaje de Lehiff se transforma en un robo con violencia. Más allá de la primera

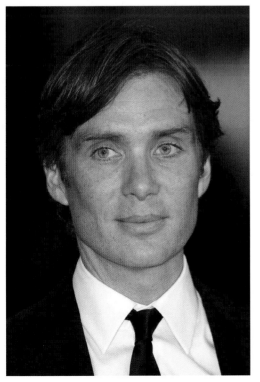

escena, la película irlandesa está repleta de diálogos de corte tarantiniano. O'Rowe no escribe de hamburguesas, pero sí, por ejemplo, de la manía de John de ponerse salsa de carne en la bebida, hábito que acaban imitando sus compañeros de robo.

Sin embargo, los personajes de la película están más pegados a la realidad de lo que sucede habitualmente con los de Tarantino. Confrontándolos con situaciones sorprendentes o desagradables Crowley/O'Rowe con-

El irlandés Colin Farrell, ya estrella de Hollywood, había aparecido en Minority Report *(2002) de Spielberg y* Última llamada *(2002) de Joel Schumacher antes de participar en* InterMission *en un papel violento.*

siguen retratos humanos de cierta calidez, ya sea de Sally (Shirley Henderson), la bigotuda hermana de Deirdre humillada por un antiguo novio; de Oscar (David Wilmot), amigo de John entregado a una relación sadomasoquista; o de Mick, obsesionado con el niño gamberro que le provocó un accidente.

Breaking Bad
(*Breaking Bad*, 2008-2013)

*La serie supuso la consagración de sus actores, sobre todo del protagonista Bryan Cranston, hasta ese momento actor secundario en series (*Malcolm in the Middle, *2000-2006) y films (*Salvar al soldado Ryan, *1998, de Steven Spielberg). Ganador de varios Emmys por* Breaking Bad, *sería nominado al Oscar por* Trumbo *(2015) de Jay Roach.*

Serie TV. 5 temporadas. **Creador.:** Vince Gilligan. **Dir.:** Michelle MacLaren, Adam Bernstein, Vince Gilligan, Colin Bucksey, Michael Slovis, Bryan Cranston, Terry McDonough, Johan Renck, Rian Johnson, Scott Winant, Peter Gould, Tricia Brock, Bronwen Hughes, Tim Hunter, Jin McKay, Phil Abraham, John Dahl, Félix Enríquez Alcalá, Charles Haid, Peter Medak, John Shiban, David Slade, George Mastras, Thomas Schnauz, Sam Catlin. **G.:** Vince Gilligan, Peter Gould, George Mastras, Sam Catlin, Moira Walley-Beckett, Thomas Schnauz, Gennifer Hutchison. John Shiban, J. Roberts y Patty Lin. **Mús.:** Dave Porter. **Int.:** Bryan Cranston, Anna Gunn, Aaron Paul, Dean Norris, Betsy Brandt, RJ Mitte, Bob Odenkirk, Steven Michael Quezada, Jonathan Banks, Giancarlo Esposito, Jesse Plemons, Krysten Ritter, Mark Margolis, Michael Bowen. Estados Unidos, 62 episodios de 55 minutos.

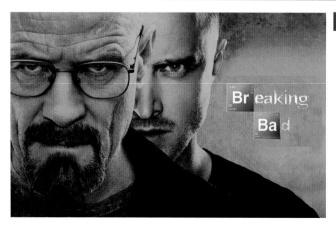

¿Qué es?

Una de las series americanas más populares de la historia. Walter White (Bryan Cranston), profesor de química aquejado de un cáncer terminal, contacta con su antiguo alumno Jesse Pinkman (Aaron Paul) para producir y distribuir una nueva metanfetamina con el objetivo de dejar un buen colchón económico a su familia: su esposa Skyler (Anna Gunn), de nuevo embarazada, y su hijo discapacitado Walter Jr. (RJ Mitte). En su incursión en el mundo criminal, el carácter de Walter sufrirá un cambio que afectará a su vida familiar.

LA HUELLA TARANTINO

A Vince Gilligan (1967), creador de la serie y guionista de *Expediente X* (*The X Files*, 1995-2002) o de la comedia de superhéroes *Hancock* (íd, 2008), se le suele atribuir una gran admiración por Quentin Tarantino. Pese a que los 62 episodios de la serie están dirigidos por más de una veintena de directores, los comentarios sobre los paralelismos entre *Breaking Bad* y, sobre todo, *Pulp Fiction* fueron habituales en internet, sobre todo a partir de un vídeo aparecido en 2015 y editado por Jorge Luengo Ruiz que tuvo amplia repercusión.

Así, hay ciertos planos típicamente tarantinianos que tienen su réplica en la serie y que denotan la deuda consciente con el realizador de *Reservoir Dogs*. El más reconocible de ellos, la apertura del maletero de un coche vista desde el interior, lo que permite el contrapicado

Los 62 episodios de la serie están dirigidos por más de una veintena de directores.

de los personajes que lo abren. Por otra parte, el director de Knoxville se convierte en un referente en la estética de los planos relacionados con las drogas como, por ejemplo, los planos detalle de la inyección en vena, la sangre entrando en la jeringuilla o una cuchara caléntandose. También habría analogías con la historia de la sobredosis casi letal de Mia Wallace en *Pulp Fiction* a través de Jane (Krysten Ritter), una joven adicta a la heroína que tiene una relación con Jesse Pinkman. Jane, que lleva flequillo como Mia, muere de sobredosis en una escena que ejemplifica el cambio de personalidad de Walter, ya que no hace nada por socorrerla, a diferencia de Vincent con Mia.

Otras situaciones recuerdan también al film de Tarantino como la limpieza a chorro de los protagonistas igual que el Sr. Lobo hacía con Jules y Vincent o las dudas de los protagonistas en escoger un arma como le sucedía a Butch antes de enfrentarse al violador de su jefe.

Telephone
(2010)

Videooclip. **Canción:** *Telephone*, compuesta por Lady Gaga, Rodney Jerkins, LaShawn Daniels, Lazonate Franklin y Beyoncé e interpretada por Lady Gaga y Beyoncé. **Prod.:** Shelli Jury, Nicole Ehrlich, Vincent Herbert y Troy Carter. **Dir.:** Jonas Åkerlund. G.: Jonas Åkerlund y Lady Gaga. **Fot.:** Pär M. Ekberg. **Dir. Art.:** Jason Hamilton. **Mont.:** Christian Larson.**Coreografía:** Laurieann Gibson. **Int.:** Lady Gaga, Beyoncé, Tyrese Gibson. Estados Unidos, 9' 30".

¿Qué es?

Videoclip de la canción «Telephone» incluida en el disco EP *The Fame Monster* (2009) de Lady Gaga (1986), una suerte de continuación de su álbum debut *The Fame* (2008). Originalmente Lady Gaga escribió la canción para Britney Spears y su disco *Circus* (2008), pero

La estética heterodoxa de Lady Gaga está presente en el videoclip. Aquí, la cantante con latas como rulos en la cabeza.

esta la rechazó. La acabaría grabando Gaga junto a Beyoncé. La letra de la pieza es una petición al novio para que deje de llamarla mientras la cantante baila en la discoteca: «Deja de llamarme. No quiero hablar más, tengo la cabeza y el corazón en la pista de baile».

Sin embargo, en el vídeo la cantante baila en un restaurante de carretera y una cárcel de mujeres. De hecho, la pieza es la continuación del vídeo de su canción «Paparazzi», del disco *The Fame*. Allí Gaga acababa en la cárcel tras envenenar a su pareja, encarnada por el actor sueco Alexander Skarsgård. El vídeo de *Telephone*, que dura seis minutos más que la canción, se inicia con la llegada de Gaga a la prisión. Allí atenderá la llamada que da paso a la música. Tras un baile, sale de prisión debido a que Beyoncé ha pagado su fianza. Ambas se dirigen a una cafetería en la que esta envenena a su novio (Tyrese Gibson), a partir de la receta de Lady Gaga. Después de causar la muerte de este y demás comensales, ambas huyen perseguidas por la policía.

El vieoclip fue dirigido por el sueco Jonas Åkerlund (1965), que ya se había hecho cargo del de *Paparazzi* y que volvería a trabajar con Gaga en el de *John Wayne* (2017). Director de cuatro largometrajes, Åkerlund ha dirigido decenas de videoclips, entre otros, *Vulnerable* (1994) de Roxette, *Ray of Light* (1998) o *Music* (2000) de Madonna, *Sober* (2008) de P!nk o *Magic* (2014) de Coldplay.

LA HUELLA TARANTINO

El videoclip hace guiños a la filmografía de Tarantino y a su mundo. El más llamativo es la utilización de la verdadera *Pussy Wagon* ('la coñoneta') de *Kill Bill* que Beatrix roba al enfermero que comercia con su cuerpo comatoso. El vehículo es propiedad de Tarantino; el cineasta lo cedió a la cantante para la pieza. La amistad entre el director y Gaga desató rumores en su momento en torno a una posible colaboración como actriz de la cantante en el papel de asesina en algún proyecto futuro de Tarantino.

Además, en «Telephone» Beyoncé es llamada Honey Bee, apodo cercano al Honey Bunny de la Amanda Plummer de *Pulp Fiction*. Por otra parte, las letras amarillas de los créditos recuerdan a los de *Jackie Brown*. En general el vídeo respira el aire de *exploitation* tan cercano al cineasta y utiliza lugares habituales suyos, a lo que se añade el estilo heterodoxo de Gaga que incluye gafas de cigarrillos o latas como rulos. Así, la cárcel de mujeres y su ambiente fuertemente sexualizado formaban parte de las primeras películas de Pam Grier, recuperada en la mencionada *Jackie Brown*, y la última parte del vídeo sucede en una cafetería, escenario por antonomasia de las tramas tarantinianas.

Siete psicópatas
(*Seven Psychopaths*, 2012)

Prod.: Graham Broadbent, Peter Czernin y Martin McDonagh. Blueprint Pictures. **Dir:** Martin McDonagh. **G.:** Martin McDonagh. **Fot.:** Ben Davis. **Dir. Art.:** David Wasco. **Mont.:** Lisa Cunning. **Vest.:** Karen Patch. **Int.:** Colin Farrell, Sam Rockwell, Christopher Ealken, Woody Harrelson, Tom Waits, Abbie Cornish, Olga Kurylenko, Zelkjo Ivanek, Long Nguyen, Harry Dean Stanton, Gabourey Sidibe, Michael Stuhlbarg, Michael Pitt. Reino Unido, 106 min.

Colin Farrell, Sam Rockwell y Christopher Walken en su travesía por el desierto.

¿Qué es?

Comedia negra que discute los tópicos del *thriller*. El guionista alcoholizado Marty (Colin Farrell) tiene problemas para escribir un guion titulado *Siete psicópatas*. Le ayuda su amigo Billy (Sam Rockwell), actor en paro que trabaja robando perros para Hans (Christopher Walken) con el objetivo de obtener después la recompensa ofrecida por los propietarios. Todo se complica cuando Billy roba el can de Charlie (Woody Harrelson), un peligroso gánster que ama más a su perro que a su novia Angela (Olga Kurylenko) y que irá hasta el final con tal de recuperar el animal y eliminar a los responsables. Marty se verá implicado en la huida de Hans y Billy.

LA HUELLA TARANTINO

La segunda película como director del dramaturgo irlandés Martin McDonagh no copia ni homenajea a Tarantino, sino que lo discute. De esa manera lo asume también como

uno de los referentes actuales más importantes del género negro. En *Siete psicópatas* Mc-
Donagh hace una operación de acoso y derribo de dicho género, de sus convenciones, de
sus tópicos y lugares comunes y de su espectacularización hollywoodiense. El dramaturgo
y cineasta elige a Tarantino como el reclamo de neón de su declaración de principios.

Así, en el prólogo, dos matones (Michael Stuhlbarg y Michael Pitt) que parecen sali-
dos de *Reservoir Dogs*, vestidos de negro, hablan frente a las colinas de Hollywood antes
de realizar el asesinato que les ha encomendado Charlie. El diálogo es una parodia de las
conversaciones banales que dieron a conocer a Tarantino. Esta vez discuten sobre si es apro-

piado disparar a los ojos de la futura víctima, Angela. Mientras la cháchara continúa por derroteros cada vez más absurdos, un encapuchado se acerca por detrás y, sin mediar palabra ni ser percibido por ellos, les dispara en la cabeza y caen. Se trata del primer psicópata de los siete anunciados por el film. Acto seguido aparece el título y suena una canción que bien podría formar parte de una cinta de Tarantino: «The First Cut is the Deepest», interpretada por P. P. Arnold.

McDonagh, ganador del Oscar por el cortometraje *Six shooter* (2005), había debutado en el largometraje con *Escondidos en Brujas* (*In Bruges*, 2008), donde precisamente había cierta tendencia tarantiniana en los diálogos. Su consagración como cineasta llegaría con su tercer film *Tres anuncios en las afueras* (*Three Billboards Outside Ebbing, Missouri*, 2017), más cercana al mundo de los hermanos Coen que al de Tarantino. Igual que todos estos cineastas, en su cine hay violencia, humor y giros sorprendentes de guion, pero juega más con la emoción de las situaciones.

Black Widow
(2014)

Videoclip. Canción: *Black Widow*, compuesta por Iggy Azalea, Katy Perry, Sarah Hudson, Benny Blanco y Stargate (Tor Erik Hermansen y Mikkel Storleer Eriksen), e interpretada por Iggy Azalea y Rita Ora. **Dir.:** Director X e Iggy Azalea. **Fot.:** Rob Witt. **Int.:** Iggy Azalea, Rita Ora, Michael Madsen, Paul Sorvino, T.I. Estados Unidos, 5' 30".

¿Qué es?

Videoclip de la canción «Black Widow», incluida en el primer disco de la rapera australiana Iggy Azalea (1990), *The New Classic* (2014). En ella, la cantante británica Rita Ora colabora en el estribillo. La pieza partía de una composición original de Katy Perry pensada para su disco *Prism* (2013), pero que finalmente quedó fuera de él. La letra de «Black Widow» toma la forma de una declaración de venganza de una mujer en contra de su última pareja: «Te voy a querer hasta que me odies y te voy a mostrar lo que realmente es la locura. Te voy a querer como una viuda negra», reza el estribillo.

Así, el videoclip narra la historia imaginada de una venganza. Azalea encarna a una camarera que atiende a una pareja interpretada por Rita Ora y Michael Madsen. El novio se muestra machista con su pareja y agresivo con la camarera. La propietaria del local, Big Wanda, ordena a la chica que prepare otro bocadillo. La canción empieza a sonar cuando Azalea corta la lechuga y se inicia el relato imaginado en el que las dos jóvenes son asesinas con katana que se alían para acabar con Madsen. La propietaria deshace la ensoñación de su empleada cuando esta se ha quedado clavada machacando la lechuga.

El vídeo está codirigido por la propia Azalea y el canadiense Director X. (1975), realizador de vi-

Azalea (izquierda) y Ora (derecha) en una actuación conjunta.

deoclips de cantantes como Alicia Keys (*How Come You Don't Call Me*, 2002), Rihanna (*Pon de Replay*, 2005), Nicki Minaj (*Your Love*, 2010) o Justin Bieber (*Boyfriend*, 2012). Autor también de largometrajes, dirigió en 2018 *Superfly*, remake del clásico homónimo de la *blaxploitation* de 1972.

LA HUELLA TARANTINO

El videoclip está inspirado, tal como reconoce la propia Azalea, en las películas de kung fu de los 70 protagonizadas por mujeres y en *Kill Bill*, sobre todo la parte de la ensoñación. Así, los trajes de Ora y Azalea adaptan el amarillo de Uma Thurman, esta vez en colores blanco (el de Azalea) y rojo y negro (el de Ora). Ambas se nos presentan en un escenario nevado típicamente japonés con el monte Fuji en el fondo y cerezos en flor en los flancos. Las cantantes baten palmas, detalle que coincide

con las palmas de la versión de *Don't Let Me Be Misunderstood* de Santa Esmeralda que Tarantino utiliza al inicio del duelo entre Beatrix y O-Ren Ishii también en un jardín nevado. Posteriormente, el aprendizaje del personaje de Azalea es un episodio típico de este tipo de propuestas, si bien en el caso de *Kill Bill 2* sucedía al aire libre y en *Black Widow* en interiores. Además, las imágenes individuales de Ora y Azalea en moto, yendo al encuentro de Madsen, remiten a la estampa de Beatrix dirigiéndose a la Casa de las Hojas Azules antes del duelo con los 88 maníacos. Por otra parte, la presencia como villano de la función de Michael Madsen es una cita directa a la película. También aparece Paul Sorvino, padre de Mira, expareja de Tarantino, en el papel de otra víctima de Ora.

Magical girl
(2014)

Prod.: Álvaro Portanet, Amadeo Hernández y Pedro Hernández Santos. Aquí y Allí Films. **Dir:** Carlos Vermut. **G.:** Carlos Vermut. **Fot.:** Santiago Racaj. **Dir. Art.:** Carlos Vermut. **Mont.:** Emma Tusell. **Vest.:** Iratxe Sanz. **Int.:** Bárbara Lennie, Luis Bermejo, José Sacristán, Lucía Pollán, Israel Elejalde, Elisabet Gelabert, Marisol Membrillo, Eva Llorach, David Pareja, Miquel Insúa, Javier Botet. España, 122 min.

¿Qué es?

Una historia contada en tres partes. Luis (Luis Bermejo), profesor en paro, necesita dinero para comprarle un traje de un personaje de animación japonesa a su hija Alicia (Lucía Pollán), niña de doce años enferma de leucemia. Una noche conoce a Bárbara (Bárbara Lennie), joven enigmática sometida a su marido Alfredo (Israel Elejalde), con la que se acuesta. Luis le hará chantaje para conseguir el dinero del vestido. Bárbara, de pasado oscuro, volverá a lugares pretéritos y se reencontrará con personajes de su antigua vida como Damián (José Sacristán), exprofesor suyo que acaba de salir de la cárcel en la que ha estado durante diez años por culpa de la joven.

LA HUELLA TARANTINO

La segunda película del dibujante de cómics Carlos Vermut (1980) participa de conceptos comunes al segundo largometraje de Tarantino, *Pulp Fiction*, el más notorio de ellos la estructura de tres historias que se funden en una. Dividida en tres capítulos (Mundo, Demonio y Carne), cada uno de ellos se centra en uno de los personajes: Luis, Bárbara y Damián, respectivamente. El mismo espíritu mixtificador y rupturista en cuanto a expectativas que mueve el cine de Tarantino atraviesa *Magical Girl*. Se inicia con la premisa de *Lloviendo piedras* (*Raining Stones*, 1993) de Ken Loach, en la que un padre se las veía y deseaba para comprarle a su hija el vestido de la comunión, pero lo que allí era un drama social aquí se reconvierte en una *pulp*, con chantajes, violencia, venganza, y sexo, a través de los que se evoca la comunidad secreta de *Eyes Wide Shut* (íd, 1999) de Stanley Kubrick y se le da un sentido perverso a las puertas cerradas de las comedias clásicas y sensuales de Ernst Lubitsch. Ya en su primera película, *Diamond Flash* (2011), Vermut practicaba la hibridación de géneros, del drama al *thriller* pasando por el cine de superhéroes.

Pese a todo ello, *Magical Girl* no es una imitación del referente, sino una adaptación a sus propios intereses y rasgos distintivos. Los planos estáticos que abundan en la película contrastan con la tendencia a la movilidad del cine de Tarantino, la violencia está mayoritariamente eludida o en sordina y el tono resulta más sobrio, aunque con sentido del humor soterrado. En cuanto a la música utilizada, Vermut prescinde también de composiciones originales, pero si Tarantino recurre especialmente a la música surf en *Pulp Fiction*, el español echa mano de piezas de origen diverso, desde música asiática a clásica con Satie o Bach -época musical apenas utilizada por Tarantino-, pasando por la copla, en particular esa «La niña de fuego», de Manolo Caracol que es al film lo que «Little Green Bag» a *Reservoir Dogs*.

Revenge
(Revenge, 2017)

Prod.: Marc-Etienne Schwartz, Marc Stinimirovic y Jean-Yves Robin. M. E. S. Productions y Monkey Pack Films.
Dir: Coralie Fargeat. **G.:** Coralie Fargeat. **Fot.:** Robrecht Heyvaert. **Dir. Art.:** Pierre Quefféléan. **Mont.:** Jerome El-tabet, Coralie Fargeat y Bruno Safar. **Vest.:** Elisabeth Bornuat. **Int.:** Matilda Lutz, Kevin Janssens, Vincent Colombe, Guillaume Bouchède, Jean-Louis Tribes. Francia, 108 min.

¿Qué es?

El subgénero *rape and revenge* revisitado. Jennifer (Matilda Lutz) acompaña a su amante Richard (Kevin Janssens) a una escapada a una casa lujosa en un paisaje desértico. También van los socios de él, Stan (Vincent Colombe) y Dimitri (Guillaume Bouchède). En ausencia de Richard, Stan viola a Jennifer sin que Dimitri haga nada para evitarlo. Enterado de lo sucedido, Richard la soborna para que calle, pero ella se niega. Él la ataca y la dan por muerta. Pero no lo está...

LA HUELLA TARANTINO

Debut en el largometraje de la directora francesa Coralie Fargeat (1976), la película ganó el premio a la mejor dirección en el Festival de cine Fantástico de Sitges 2017. En ella, la realizadora transita el subgénero *rape and revenge*, de nombre elocuente - violación y venganza-, que había abastecido la filmografía del cineasta de Knoxville y por el que mujeres ultrajadas sexualmente se resarcían de manera violenta y drástica. La de Fargeat se ha considerado como la primera *rape and revenge* dirigida por una mujer. Sin embargo, la propia Fargeat, más interesada en el tema de la venganza como reconstrucción de un espíritu dañado que en el hecho de la violación, confesaba que no había visto apenas ninguna cinta de los 70 y 80 de ese subgénero, que considera demasiado realista. Sin embargo, uno de los títulos que había revisado antes de dirigir *Revenge* era *Kill Bill* y citaba al director de *Pulp Fiction* en cuanto al uso de la violencia en su cinta: «Me interesa cuando la sangre y la carne crean algo que deviene barroco y operístico. Tarantino hace eso en *Kill Bill*». Así,

Revenge ganó el premio a la mejor dirección en el Festival de cine Fantástico de Sitges 2017.

el largo enfrentamiento final entre Jennifer y Richard, un duelo en que parecen jugar al ratón y al gato mientras las paredes se tiñen de rojo y el suelo se cubre con la sangre que brota de los cuerpos heridos, recuerda a los baños de sangre de *Django desencadenado* o *Kill Bill*, pero con un sentido del humor atenuado. La jocosidad de Tarantino está ausente en las escenas de violencia, por excesivas que sean, pero Fargeat la recupera para el retrato, más bien caricatura, de los personajes secundarios, los dos socios cuyo mundo se tambalea cuando se ven amenazados por una chica joven.

Película que va degradando su realismo, *Revenge* consigue uno de los mejores momentos tarantinescos cuando Jennifer, tras el ataque casi mortal, cauteriza la herida a través de una lata de cerveza mexicana que le acaba tatuando en el vientre un águila. Otro elemento que comparten Fargeat y Tarantino es el uso del plano detalle, aunque en el caso del americano esto suele pasar desapercibido en comparación con sus escenas más grandilocuentes y llamativas. En *Revenge*, el uso es más acusado y le sirve para registrar la transformación de los cuerpos, a veces su corrupción.

Flames
(2018)

Videoclip. **Canción:** *Flames*, compuesta por Sia, David Guetta, Christopher Braide, Giorgio Tuinfort y Marcus van Wattum, e interpretada por David Guetta y Sia. **Prod.:** Chen Biton y Lior Molcho. **Dir.:** Lior Molcho. **Fot.:** Danit Sigler. **Int.:** Lauren Mary Kim, Courtney Chen, Erin Wu, Danny Trejo, David Guetta. Estados Unidos, 3' 13".

¿Qué es?

Videoclip de la canción «Flames», incluida en el disco 7 (2018) del DJ francés David Guetta (1967) con la interpretación vocal de la australiana Sia (1975). Era la séptima colaboración de ambos artistas después de éxitos como «Titanium» (2011) o «She Wolf (Falling to Pieces)» (2012). Por su parte, el israelí Lior Molcho ya había dirigido anteriormente videoclips para Sia, como «Never Give Up» y «Move Your Body», ambos de 2017. La letra es un canto de ánimo a seguir luchando y superar adversidades.

Así, el vídeo se sitúa en una localización oriental durante el aprendizaje de tres alumnas de un Maestro de kung-fu encarnado por Danny Trejo. Las pruebas a las que somete el sabio a sus pupilas comprenden la caza de la mosca con palillos y la tala de madera a través de la

mente. Un ataque de los secuaces del emperador, el propio David Guetta, acaba con la vida del anciano y el apresamiento de las jóvenes. A través de las enseñanzas de su maestro se liberan de los grilletes y luchan para derrotar a los ninjas y a su líder. La aparición celestial del espíritu de su maestro les da el empujón definitivo hacia la victoria.

LA HUELLA TARANTINO

El contexto en el que se desarrolla la acción del videoclip tiene semejanzas evidentes con *Kill Bill*. Por una parte, el protagonismo femenino, aquí por triplicado, en un contexto de artes marciales. Por otra, escenarios y situaciones remiten al enfrentamiento de Beatrix con O-Ren Ishii y, sobre todo, con los 88 maníacos. Además, se sitúa el aprendizaje de las discípulas en el exterior como en el *Volumen 2*.

También es significativa la elección del intérprete que encarna al Maestro: Danny Trejo, relacionado con Tarantino a través de Robert Rodríguez. Trejo es un habitual en la filmografía del director texano desde *Desperado* (1995). Así, también forma parte del universo tarantiniano gracias a las dos colaboraciones directas entre Tarantino y Rodríguez: Trejo aparecía en *Planet Terror* y el tráiler de *Machete*, aportaciones de Rodríguez al proyecto *Grindhouse*, y en *Abierto hasta el amanecer*, guionizada, producida e interpretada por el diretor de Knoxville.

En cuanto a las tres jóvenes desconocidas que protagonizan la pieza, todas tenían experiencia, sin embargo, con las artes marciales o las escenas peligrosas. Así, igual que sucedía con Zoë Bell como protagonista de *Death Proof*, tanto Lauren Mary Kim como Courtney Chen son dobles de acción. Kim había participado en cintas como *Fast & Furious 7* (íd, 2015) de James Wan o *La gran muralla* (*The Great Wall*, 2016) de Zhang Yimou; y Chen, en *Yo, Tonya* (*I, Tonya*, 2017) de Craig Gillespie o *Black Panther* (íd, 2018) de Ryan Coogler. Por su parte Erin Wu había destacado en competiciones de artes marciales.

Malos tiempos en el Royale
(*Bad Times at the El Royale*, 2018)

Prod.: Drew Goddard y Jeremy Latcham. Goddard Textiles, TSG Entertainment y 20th Century Fox. **Dir:** Drew Goddard. **G.:** Drew Goddard. **Fot.:** Seamus McGarvey. **Dir. Art.:** Martin Whist, Lisa van Velden, Hamish Purdy y Michael Diner. **Mont.:** Lisa Lassek. **Vest.:** Danny Glicker. **Int.:** Jeff Bridges, Cynthia Erivo, Dakota Johnson, Jon Hamm, Lewis Pullman, Cailee Spaeny, Chris Hemsworth, Nick Offerman, Xavier Dolan, Shea Wigham. EE. UU., 141 min.

¿Qué es?

Thriller en el que diversos personajes misteriosos coinciden durante un día de 1969 en el hotel El Royale, situado entre los estados de California y Nevada, y con solo un recepcionista, el temeroso Miles (Lewis Pullman). Ninguno de ellos son lo que parecen. El sacerdote Daniel Flynn (Jeff Bridges) está perdiendo la memoria y tiene intenciones ocultas, el vendedor de aspiradoras Laramie Seymour Sullivan (Jon Hamm) habla por los codos y la tímida Darlene Sweet (Cynthia Erivo) canta en secreto. Además, la joven arisca Emily (Dakota Johnson) lleva a la adolescente Rose (Cailee Spaeny) como rehén. También el hotel tiene sus propios secretos: tesoros enterrados y grabaciones ilegales.

LA HUELLA TARANTINO

Chris Hemsworth tiene una aparición final catártica en el film.

Segunda película como director de Drew Goddard, guionista de films de ciencia-ficción como *Monstruoso* (*Cloverfield*, 2008) de Matt Reeves, *Guerra Mundial Z* (*World War Z*, 2013) de Marc Forster y *Marte* (*The Martian*, 2015) de Ridley Scott, así como de episodios de la series *Perdidos* (*Lost*, 2005-2008) o *Daredevil* (íd, 2015-2018) de la que fue también creador. Ya su primera película *La cabaña en el bosque* (*The Cabin in the Woods*, 2012) encerraba a los protagonistas en un lugar apartado. Este otro enclave singular, El Royale, al que van llegando los huéspedes y en el que quedan varados ha servido para que se relacione el film con *Los odiosos ocho*. Sin embargo, la huella del cineasta es mayor.

Así, el film de Goddard está dividido en capítulos que cuentan la historia de manera fragmentada a través de idas y

venidas temporales al modo tarantiniano, es decir, no en forma de *flashback*, sino dispuestas de la manera más conveniente para el autor. Además, la historia está llena de vericuetos narrativos, largos diálogos entre los personajes y contundentes ramalazos de violencia. Por si fuera poco, habida cuenta de su ambientación en 1969, año de la tragedia de Sharon Tate, se adelanta a *Once Upon a Time in Hollywood* a través del personaje de Chris Hemsworth, inspirado en Charles Manson.

Por otra parte, en una entrevista a la edición española de *Time Out*, Jeff Bridges confesó haberse inspirado para su personaje en su amigo Eddie Bunker, el Sr. Marrón de *Reservoir Dogs* y exatracador de bancos, que le asesoró en su papel de expresidiario en *Corazón roto* (*American Heart*, 1992) de Martin Bell. Y aunque Goddard ha declarado que el nombre del hotel lo eligió por su sonoridad latina, es divertido pensar en un guiño tarantinesco en fondo y forma al 'Royale con queso' del célebre diálogo de *Pulp Fiction*.

Bajo esa máscara se oculta el pasado de uno de los protagonistas.

Bibliografía básica

ALBRIGHT, Brian. *Wild Beyond Belief! Interviews with Explotation Filmakers of the 1960's and 1970's.* Jefferson, Carolina del Norte, Londres: McFarland, 2008

ALFONSO, Ramón. *Quentin Tarantino. El samurái cool.* Madrid: T&B editores, 2013

BACH, Mauricio. *Películas de culto. La otra historia del cine.* Madrid: T&B editores, 2015

BISKIND, Peter. *Sexo, mentiras y Hollywood.* Miramax, Sundance y el cine independiente. Barcelona: Anagrama, 2006

CORRAL, Juan Manuel. *Quentin Tarantino. Glorioso bastardo.* Palma de Mallorca: Dolmen, 2013

CUETO, Roberto (ed). *Japón en negro.* San Sebastián: Festival de Cine, 2008

D. [Desjardins], Chris. *Outlaw Masters of Japanese Film.* Londres/Nueva York: I. B. Tauris, 2005

GIUSTI, Marco. *Dizionario del western all'italiana.* Milán: Oscar Mondadori, 2007

MORSIANI, Alberto. *I film di Quentin Tarantino. Il regista che ha reinventato il cinema.* Roma: Gremese, 2016

SALA, Ángel. Sergio Corbucci. *La revolución subgénerica del spaghetti-western en Nosferatu* 41-42. San Sebastián: Donostia Kultura, Octubre 2002. Pgs. 143-154.

SHONE, Tom. *Tarantino. Una retrospectiva.* Barcelona: Blume, 2018

SMITH, Jim. *Tarantino.* Londres: Virgin Books, 2005

WOODS, Paul A. (ed). *Quentin Tarantino. The Film Geek Files.* Londres: Plexus, 2000

Otros títulos publicados en la misma colección LOOK

Cultura popular (música, cine, series, videojuegos, cómics)

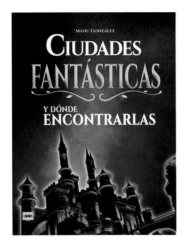

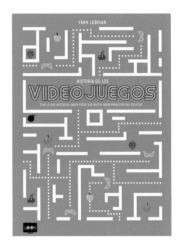